产业融合背景下的传媒产业发展探索

杨 莉 张 晶◎著

吉林出版集团股份有限公司
全国百佳图书出版单位

图书在版编目（CIP）数据

产业融合背景下的传媒产业发展探索 / 杨莉, 张晶著. -- 长春：吉林出版集团股份有限公司, 2024.3
ISBN 978-7-5731-4814-8

Ⅰ.①产… Ⅱ.①杨… ②张… Ⅲ.①传播媒介—产业发展—研究—中国 Ⅳ.① G219.2

中国国家版本馆 CIP 数据核字 (2024) 第 079773 号

产业融合背景下的传媒产业发展探索
CHANYE RONGHE BEIJING XIA DE CHUANMEI CHANYE FAZHAN TANSUO

著　　者	杨　莉　张　晶
责任编辑	祖　航
封面设计	李　伟
开　　本	710mm×1000mm　　1/16
字　　数	200 千
印　　张	11.75
版　　次	2025 年 1 月第 1 版
印　　次	2025 年 1 月第 1 次印刷
印　　刷	天津和萱印刷有限公司

出　　版	吉林出版集团股份有限公司
发　　行	吉林出版集团股份有限公司
地　　址	吉林省长春市福祉大路 5788 号
邮　　编	130000
电　　话	0431-81629968
邮　　箱	11915286@qq.com
书　　号	ISBN 978-7-5731-4814-8
定　　价	71.00 元

版权所有　翻印必究

前　言

在数字技术逻辑越来越强大的背景下，媒介的整合几乎是不可避免的趋势。随着数字技术和网络传播的普及，大众对于获取媒体信息、享受娱乐和社交互动的需求正飞速地从传统媒体向以网络为主要形态的数字新媒体转移。在这种情况下，传统媒体面临两种选择：一是若要继续以传统的方式来生存和发展，就必须重新审视价值观念，并进行价值重构。面对网络信息过度传播的挑战，需要重新强化意见对信息传播的主导地位，以建立新的价值观念。二是要寻求与各类产业的结合，通过结合实现价值的提升。虽然第一种选择有可能推迟传统媒体消亡的进程，或者探索出新的发展机会，但总的来说，其可行性受到很大限制。另一种则是传媒产业必须采取的手段，以求得持续发展和价值增值。

中国传媒的产业化发展与传媒体制的改革同步推进。目前，产业融合已成为产业发展的重要趋势，它最初出现在传媒电信领域，这也是政府非常重视的行业。本书探讨的是，如何将产业经济学理论运用到中国传媒产业的研究中，研究产业融合的趋势，并分析这对中国传媒产业的现状、问题和未来发展所产生的影响。本书以揭示传媒产业的发展规律为逻辑起点，研究中国传媒产业的现状和国际传媒产业融合进程，并探讨信息技术发展和产业融合对中国传媒产业主体关系的影响。以此为基础，重点研究中国特色的传媒产业发展模式和发展路径，同时审视和思考未来传媒产业的定位和管制框架，以促进中国传媒产业的持续、合理发展。

本书第一章主要是对传媒产业的概述，包括传媒产业定义、分类及特性，传媒产业发展历程，传媒产业基本理论。第二章为传媒产业融合的宏观分析，主要介绍了传媒产业融合的推进层级，传媒产业融合的发展趋势，传媒产业融合发展的动因。第三章为传媒产业融合的转型与阻碍，主要介绍了传媒产业融合的结构变化与转型以及我国传媒产业融合面临的阻碍。第四章为传媒产业融合发展的模式，主要介绍了传媒产业融合的两种模式，传媒产业融合与产业关联，中国传媒产业的融合发展路径。第五章为传媒产业与各类产业融合的模式探讨，内容主要是传媒产业与金融产业、地产业、教育产业、旅游产业、创意产业、科技产业、文化贸易产业、物流产业的融合的模式探讨。

  在撰写本书的过程中，作者参考了大量的学术文献，得到了许多专家学者的帮助，在此表示真诚感谢。限于作者水平，加之时间仓促，本书难免存在一些疏漏，在此，恳请同行专家和读者朋友批评指正！

杨莉 张晶
2023 年 4 月

目 录

第一章 传媒产业概述 ... 1
第一节 传媒产业定义、分类及特性 ... 3
第二节 传媒产业发展历程 ... 6
第三节 传媒产业基本理论 ... 15

第二章 传媒产业融合的宏观分析 ... 41
第一节 传媒产业融合的推进层级 ... 43
第二节 传媒产业融合的发展趋势 ... 46
第三节 传媒产业融合发展的动因 ... 51

第三章 传媒产业融合的转型与阻碍 ... 57
第一节 传媒产业融合的结构变化与转型 ... 59
第二节 我国传媒产业融合面临的阻碍 ... 68

第四章 传媒产业融合发展的模式 ... 73
第一节 传媒产业融合的两种模式 ... 75
第二节 传媒产业融合与产业关联 ... 82
第三节 中国传媒产业的融合发展路径 ... 84

第五章　传媒产业与各类产业融合的模式探讨 ····· 87
第一节　传媒产业与金融产业融合 ····· 89
第二节　传媒产业与地产业融合 ····· 102
第三节　传媒产业与教育产业融合 ····· 114
第四节　传媒产业与旅游产业融合 ····· 122
第五节　传媒产业与创意产业融合 ····· 136
第六节　传媒产业与科技产业融合 ····· 148
第七节　传媒产业与文化贸易产业融合 ····· 158
第八节　传媒产业与物流产业融合 ····· 167

参考文献 ····· 181

第一章 传媒产业概述

本章为传媒产业概述,主要介绍了传媒产业定义、分类及特性,传媒产业发展历程,传媒产业基本理论等。

第一节　传媒产业定义、分类及特性

一、传媒产业的定义

传媒，也被称作传播媒体或传播媒介，指用于传播信息的载体，是流动于传播者和接收者之间的一种传递信息的物质工具。从广义上分类，传媒涵盖了报纸、杂志、广播、电视、电影、图书、音像制品、互联网、移动网络等。

产业，其定义为具有某种同类属性的经济活动的集合或系统，是社会分工的产物，是社会生产力不断发展的必然结果。具体而言，产业是各个相关行业所组成的业态总称，尽管它们在经营方式、经营形态、企业模式和流通环节上存在差异，但可以实现在构成业态的各个行业内部完成各自的循环，且无论是面对的对象还是范围都以共同产品为核心展开经营。

按照传媒和产业的定义，传媒产业一般是指传播信息和知识的实体构成的产业群，传媒产业是生产和传播文字、图形、艺术、语言、影像、声音、数码、符号等形式存在的信息产品和提供各种增值服务的特殊产业。从广义上说，传媒产业是指与传播活动相关的所有组织的企业经济活动的总和；从狭义上说，传媒产业是媒体以及为媒体生产提供产品或服务的组织、机构（政府传媒管理部门除外）。通常情况下，传媒产业是指狭义的传媒产业。

二、传媒产业的分类

（一）根据类别

根据类别不同，传媒产业可大致分为文化娱乐产业、出版产业、广电产业、平面媒体产业、网络媒体产业和户外媒体产业。

（二）根据媒体性质

根据媒体性质不同，传媒产业可分为传统媒体产业和新媒体产业两大类。传统媒体产业，包括图书、报纸、杂志、电影、广播、电视等产业。而新媒体方面，由于科学技术的不断发展以及未来不可预知的创新潜力，其产业则表现得更加多元化。新媒体产业则包括动漫、游戏、数字电视、数字电影、网络广电、数字出版、电子报刊、手机报刊、电子商务、视频、在线阅读、显示屏、数据库等。值得一提的是，新媒体的崛起打破了原有的中国传媒产业结构，其对传统媒体产业产生了很大的冲击和影响；同时，新媒体产业又是未来中国传媒产业发展的重要组成部分，因此更值得我们关注。

三、传媒产业特性

传媒作为一个产业，不仅存在同其他产业相近或是相同的共性，也存在和其他产业的不同之处。传媒产业特性主要有以下五点：

（一）传媒产业是注意力产业

传媒产业与其他产业最显著的区别在于其经济回报不仅仅来自出售自身产品获得，还来自"第二次售卖"——将凝聚在版面或时段上的受众注意力"卖"给广告商或其他对受众感兴趣的宣传者，这是传媒机构的一个重要经济来源。换句话说，媒体的经济价值在于它能够吸引受众的关注。作为一种"注意力经济"，传媒产业的市场价值与其是否成功吸引受众的注意力紧密相关，实质是以受众为中心。传媒产业的市场价值与下列三个因素息息相关：受众关注程度、受众注意力保持、有效人群选择。

（二）传媒产业以信息服务为主体

像其他产业一样，传媒产业由许多子系统共同构成一个复杂、庞大的产业体系。其中包括传媒信息服务、传媒制造、相关信息资源服务和多种经营等，各子系统相互依托、相互促进、相互协作。其中，以信息服务为主。

（三）传媒产业经营主体是传媒企业或企业型组织

传媒产业中涌现了众多传媒企业，成为该行业最具活力的经济实体。这些企业是传媒行业的核心，享有完整法人财产权，以追求经济效益为主要目标。

（四）传媒产业资源配置的主要手段是市场

要实现传媒产业良性发展，除了需要政府做好宏观引导，更需要建立完善的市场机制来提供支持。传媒生产力要依赖市场途径进行组织，除了公共传媒产品以外，通常一般传媒产品消费会完全商品化。这意味着可以通过价格引导，将传媒资源导向效率高、效益好的部门或传媒机构，以优化传媒资源，进一步满足受众对传媒产品的需求。

（五）传媒产业生产方式具有工业化的典型特征

在传媒行业的发展历程中，报纸有着很高的地位。美国本杰明·戴创办的《纽约太阳报》，它的推出使传媒产品由奢侈品转变为普通消费品，从而成功地融入百姓的生活，同时，这也标志着传媒开始走向普及化和大众化，这些变化得益于当时科技革命推进的传媒工业化生产体系。

传媒工业化生产不同于传统意义上的传媒制作，标准化、程序化、格式化、系列化和规模化是其基本特征，它使传媒再生产活动效率大幅提升，解决了传统制作方式下产品复制规模受限和效率低下的问题。

工业化生产方式带来的最显著的变化在于传媒产品的成本构成发生了重大变化。工厂制作的成本让位于信息采集成本，物质成本让位于智力成本。信息内容和经营创意已成为传媒产业最为核心的生产力，也变成了传媒产业获取利益的主要途径。得益于这样的激励，更多的产业资本开始涉足传媒行业，促进了传媒产业的工业化进程，形成了良性的传媒投入产出机制。要说明的是，此处所谓的工业标准化是指在工业生产领域中常见的专业化、程序化、系列化和规范化等一般内容，侧重于生产过程中的物化劳动，而不是精神劳动和智力创新活动部分的模式化和标准化。

第二节　传媒产业发展历程

一、中国传媒产业发展历程

（一）改革开放以来中国传媒产业发展阶段

我国传媒产业的实质性发展可以追溯至1978年改革开放之初，当时提出了"事业单位，企业化管理"的改革措施，从而开启了我国传媒产业的转型进程。我国传媒产业经历了几十年的改革开放，变化明显。传媒产业已初具规模，并发展成为一个冉冉升起的朝阳产业。就未来的发展趋势而言，传媒产业是具有巨大潜力的经济产业之一，其经济收益的增长和发展前景非常可观。

1. 多种经营阶段

人民日报社以及多家首都新闻单位于1978年提出希望落实"事业单位，企业化管理"的方针，提出媒介市场化，申请财政部能够批准它们通过自主经营获得经济收入，财政部批准了申请报告。根据彼时的政策，报社仍归属于事业单位，但可以经营一定范围的业务，赚取经济收入，收入所得可以用来增加职工收入、提高职工福利待遇、改善报社的办公条件和技术装备等。

传媒报业迎来了市场化改革，其中恢复报纸广告经营活动就是市场化进程的重要标志。报纸广告推动了传媒产业的市场化。

随着市场化进程的不断推进，传媒产业也进入了新阶段，20世纪80年代，国内出现了报纸行业和广播电视行业的办报热和建台热。1985年，我国报纸在长期实行"邮发合一"制度后，以《洛阳日报》为先导，一些地市报纸率先改为"自办发行"，并取得了较好的成效。通俗来说，如果将发行看作报纸的流通过程，"自办发行"就是报社对报纸这种特殊商品的商业渠道和营销模式的变革。越来越多的报社加入市场化变革中来。1987年，国家科学技术委员会编制了我国信息产业投入产出表，将"新闻事业""广播电视事业"纳入"中国信息商业化产业"中，使报业产业特性初步建立。中华全国报纸行业经营管理协会的成立，《关于报纸、期刊、出版社开展有偿服务和经营活动的暂行办法》的出台，都标志着报纸行业的改革进入了新阶段。

1990年12月，国家新闻出版署颁布了《报纸管理暂行规定》，明确说明了有法人资格的报社可以开展有偿服务，参与社会经营活动，将多种曾以"副业"为称的经营活动从法律的角度确定下来。自20世纪90年代以后，经历了一段时间的发展，报社无论是中央还是地方，都开办了各种各样的经济实体。

2. 传媒市场理论确立

20世纪八九十年代，报业在市场经济体制改革下尝试的经营活动，并非都收获了理想的效果，很多报社的经营活动没有获得预期的经济效益，总的来说，有的报社试水成功，但有的报社试水失败。

1992年邓小平南方谈话，明确我国经济体制改革的目标是市场经济。自此，传媒产品的商品性得到正式认可，传媒市场理论一说也得到了社会的普遍认同。

3. 报业产业集团化

多元经营初尝试的成功案例屈指可数，在20世纪和21世纪交接更替时期，多家报社又开始了在经营体制和队伍上的探索，由内而外地去考虑问题、解决问题，重走多元化经营发展的路，报社经营偏重于公司化运作，向企业化深入。20世纪90年代中期以后，中国媒体业积极进行行业资源整合和集团化经营的探索。

中国的传媒业开始面向市场实行统一的市场化管理运作，通过自身重组和外部扩张等多种方式在经营模式上不断探索、整合内部资源，经济实力不断增强，发展出了自己的特色。1996年1月，中国第一家报业集团——广州日报报业集团正式挂牌成立。南方日报集团、羊城晚报集团、文汇新民联合报业集团等报业集团也紧跟脚步先后成立。报业集团开始蓬勃发展。2004年11月28日，贵州日报报业集团宣布挂牌成立。鉴于国家不再批办行政性报业集团的背景，我国报业集团的阵容到此已基本成形。

报业集团具备一定的经济实力，因此具备搜罗人才、注册企业、运作公司的条件。以此为基础，多元化经营活动的开展更加顺风顺水。如广州日报报业集团、长春日报报业集团先后创办了十余家公司，作为属下自主经营二级核算的公司，都为集团带来了可观的利润。在报业集团旗下，各种公司、企业和经济实体迅速发展，如房地产、印务、会展、绿化、连锁店、宾馆酒店等，这些多元化经营实体给报业集团带来了丰厚的经济效益。

报业集团由两种以上日报或多种报刊的报业公司合并组成，随着竞争的加剧，大型和超大型甚至国际性的报业集团出现。例如，广东广州日报、羊城晚报、南方日报三大报业集团拥有二十报两刊，1997年广告营业额在2亿元至5亿元间，分别名列全国第二、三、七名，共占全国报纸广告年营业额96.8亿元的8%。它们先后建成了实力雄厚的印刷厂或印务中心，承印全国报刊200多种。报业集团的多元化经营活动囊括了多个领域，其通过资产重组、财务统筹、资本经营和企业化管理等方式，不仅为报业规模化、集约化和报业市场的有序化创造了有利条件，也为自身创造了一定规模的经济效益。

4. 广播电视产业集团化

2000年11月17日，国家广播电影电视总局《关于广播电影电视集团化发展试行工作的原则意见》的发布，明确规定了在以宣传为中心的前提下，电子媒体可以兼并经营其他相关产业，发展以多媒体、多品种、多层次、多渠道、多功能为特点的传媒集团。这也标志着广播电视资源的重组和结构调整进入新的阶段。广播电视产业的改革拉开帷幕。

2001年12月6日，中国最大的传媒集团——中国广播影视集团正式挂牌成立。它是由广播、电视、电影、传输网络、互联网、报刊出版、影视艺术、科技开发、广告经营、物业管理等多个项目组成的综合性传媒集团。中国广播影视集团整合了中央电视台、中央人民广播电台、中国国际广播电台、中国电影集团公司、中国广播电视传输网络有限责任公司等中央级广播电视、电影及广电网络公司的资源和力量，时年收入过百亿，是当之无愧的中国传媒行业的巨头。

2002年12月27日，我国第一家省级广播电视现代媒体集团——湖南广播影视集团成立。该集团拥有湖南卫视、湖南经视、湖南都市等电视频道和湖南人民广播电台新闻频道、交通频道等广播频道，还有湖南广播电视报等媒体，拥有网络中心、节目中心、音像资源中心等十多家影视音像制作和技术、传输单位。湖南广播影视集团的成立标志着我国进入广播影视的"体制创新"、实行集团化运作模式的开端。2003年4月19日，上海文化广播影视集团成立；不久，广东省广电重组的消息也传播开来；此外，浙江、山东等地方的广电集团也已成立。地方广电传媒集团经过一段时间的发展，无论在节目水平还是在广告收入上，运作盈利都已渐入佳境，并已经同中央电视台形成有力的竞争与合作的关系。

5.传媒集团融入资本市场

传媒集团与资本市场的互动有几种方式：一些传媒通过资产重组、财务统筹、资本经营，成立隶属于新闻媒体并由国有资产控股的股份制子公司，然后申请直接上市，如东方明珠、电广传媒、歌华有线；一些传媒采取借壳上市的方法，通过股权收购等方式控股一家上市公司，间接进入证券市场达到融资目的，可以绕开子公司直接上市的多方障碍，如博瑞传播、赛迪传媒等；一些上市公司看好媒体行业的预期收益，也纷纷投资入股媒体领域，有效整合现有资源与媒体产业，达到多元化经营和优化投资结构的目的，如上海强生、巴士股份和厦门信达等。1994年，东方明珠股份有限公司上市，成为第一家由媒体发起成立的股份有限公司。1999年，湖南"电广传媒"的上市在全国引起轰动，掀起一轮媒体投资的热潮。媒体与资本市场结合，筹资融资，吸纳社会资金为自身的经营和发展服务。这是传媒集团融入资本市场的实际案例。在此之后，也有许多媒体关联企业相继进入资本市场，传媒业的资本运作成为社会各界关注的热点。

（二）代表性事件梳理

第一个具有标志性意义的事件是1981年前后，新闻界开始讨论"新闻语言多样化"的问题。此问题表象为业务技巧问题，实际上反映了我国大众传媒的转型。从传播学的视角来看，新闻语言实际上是新闻媒体在社会中所扮演的身份和角色所决定的表达方式，其表达方式既可以简单明了，也可以复杂多样。毫无疑问，传达政令需要使用一种语言和表达方式，而提供信息和娱乐则需要运用其他不同的语言和方式。

第二个具有标志性意义的事件是1991年前后，报刊业掀起了一股"周末版"热。虽然人们仍然对那些以揭露名人隐私为卖点的报道持有批评态度，但是这场浪潮确实给中国传媒业带来了革命性的变化，这一点不容否认。然而，它的实际意义不仅在于推动了中国报刊业市场的发展，还在于对人们当时的精神需求进行了充分的满足。深刻内涵在于我国的报纸和杂志现在更注重读者的需求和兴趣，在选取和传播内容时更倾向于以读者为中心，而不是以传播者为中心。这标志着传媒行业已经从"传播者本位"向"受众本位"方向发展。

第三个具有标志性意义的事件是1993年中央电视台《东方时空》栏目的开播。其中，最受瞩目的节目包括《焦点时刻》(后改称《时空报道》)，以及接着播出的《焦点访谈》《新闻调查》《整点新闻》。这些新闻类节目的火爆，意味着我国媒体首次把"新闻"作为它们最重要的"宣传卖点"。在此之前，我国的大众媒介，尤其是电视媒介，主要作为宣传教育、文化传承和娱乐消遣的工具。从这时起，新闻成为大众传媒中最重要的功能之一，即扮演起了"社会监督者"的角色。这主要是因为中国已经步入市场经济的道路，政府的角色也发生了转变。此外，有选择权和决策权的人民群众需要分享信息资源以便更好地做出自己的决策和选择。至此，我国的大众传播媒介的功能和角色体系得到了完善。

第四个具有标志性意义的事件是1996年1月国家新闻出版署正式批准广州日报报业集团成立。它意味着我国大众传媒工业化进程已经获得了官方认可并取得了快速发展。中国媒体产业迎来了一个快速发展期。

第五个具有标志性意义的事件是2003年5月1日，中央电视台新闻频道开播，意味着传播规范的限制被打破了。因此，该频道的开播实现了从传播形态上的重大突破。

第六个具有标志性意义的事件是微内容的崛起。数字化技术带来了传播领域变革的核心，标志着传播主体泛众化时代的来临。通过网络和数字技术，每个人都可以与小众或大众的社会成员分享自己的感受、见闻，实现了信息传播的平等化。它打破了传统的广泛传播方式，让那些在传统传播时代被忽视或屏蔽的"微内容"和"微价值"在数字化网络平台上展现出聚合后的强大影响力，不论是主流还是非主流、正统还是另类。无论其他人喜欢还是不喜欢，这种新的传播方式打破了单调的传播把关模式。在传播领域，组织化的传媒机构不再独占资讯传播和话语表达的权利，因为现在任何人都可以成为传媒人。这种情况已经开始显现，并且深刻地改变了传播领域的边界。

第七个具有标志性意义的事件是"奥运火炬接力"以及胡锦涛主席与网民在

线聊天等。这意味着新媒体正加速成为主流媒体。新兴媒介，如互联网，尽管有飞速的发展，但一直未能在社会影响方面扮演主流角色。虽然在社会热点问题上，网络展现了其独特的力量来显示它的崛起。然而，从2008年开始的一系列重要事件导致大众对于互联网社会作用观念的转变。"奥运火炬接力"中网络民意的表达；地震报道中网络的温情和无微不至的关心，覆盖面广泛，这更加突显了网络在社会中的重要性。尤其是胡锦涛主席在人民日报社视察期间与网民在线交流，标志着官方对于网络等新媒体的态度发生了重要转变。新媒体逐渐成为传播领域和整个社会生活的重要组成部分，拥有强大的传播和舆论影响力。此外，研究表明，一项新的事物获得20%的市场份额时，它就开始成为主流，这是"创新扩散"的理论观点。根据中国互联网中心2008年的报告，中国网民占全国人口的19.2%，这意味着中国互联网正处于迅速发展的起点上。

第八个具有标志性意义的事件是微信支付打破了支付宝垄断第三方支付的地位。微信是技术更新相当快的新媒体，经过四五年的时间，微信从只有简单社交功能的1.0版本，发展到具有多媒体传播、多维社交、商业支付以及卡包等众多功能。经历了几年的发展与考验，微信支付功能日臻完善，而以微信支付平台为基础搭建起来的微信与线下实体消费平台，受到越来越多用户尤其是青少年用户的青睐，并推动了其他垂直应用App的快速发展，如微信支付与滴滴打车软件的合作，带动了滴滴打车强大的市场份额。此外，微信支付功能还涉及购物、话费充值、公益等方面。

第九个具有标志性意义的事件是2016年11月4日，国家互联网信息办公室正式发布《互联网直播服务管理规定》，对网络直播平台、主播和用户的行为进行规范，对新闻信息直播提出了资质要求。

二、外国传媒产业发展简况

（一）外国传媒产业发展特征

1. 美国传媒产业——政府、资本、技术三重支撑

美国一直是全球传媒产业的引领者，其充足的资本和高科技支持使得音像、

电影、报刊等领域的传媒产业蓬勃发展。繁荣的业态也造就了美国传媒产业群体的强大。美国传媒产业霸权的获得，主要源于其全球化的贸易方式、全球化的资本和技术支持，以及跨国公司的商业化运作。美国文化的多元化和开放性为其融合各种文化提供了支持，这也为其本国的传媒产业提供强大的文化根基。此外，美国还在积极推进其全球文化扩张战略。美国政府采用制度供给的方式大力支持传媒产业，借助法律法规和政策杠杆，鼓励多元化的投资机制和多种经营方式，促进传媒产品扩张与知识产权保护。在全球范围内推广文化，领先的科技为传媒产业提供有力支持。美国传媒产业由于采用市场化和商业化运作模式而保持了持续繁荣的状态。

2. 欧洲传媒产业——政府大力支持

尽管传媒产业在欧洲尚属新兴产业，但欧洲凭借其深厚的历史文化底蕴、稳健的经济基础、宽松的投资政策以及领先的科技水平，为该行业的蓬勃发展打下了扎实的基础。欧洲国家众多，文化多元，因此传媒产业在各国发展得各具特色，各有优势。英国传媒产业致力于创新，强化文化形象的塑造。法国传媒产业强调文化活动的重要性，并且重视基础设施的建设。总体来看，欧洲的传媒产业发展程度介于美国和其他国家之间。欧洲传媒产业蓬勃发展的关键因素，除了欧洲经济的发达，更在于欧洲各国政府采取了适合本国国情的独特发展策略。欧盟在欧洲整体传媒发展方面发挥了重要作用。目前，27个欧洲国家已经出台专门性的文化政策，与美国不同，这些国家拥有更完善的文化行政管理体制，推动企业给传媒行业提供多方面支持，注重对本土文化的保护。

3. 日韩传媒产业——政府主导、创新驱动

亚洲传媒产业最繁荣的国家是日本。日本的传媒产业已经成为其国民经济的重要支柱产业。日本每千人的报纸发行量达425份。此外，日本民间放送的市场规模大约为2万亿日元。尽管互联网给日本传统媒体市场带来了一定冲击，但无论是从全球总体规模排名来看，还是从日本国内市场占有率的角度来看，传统媒体仍然占据着强势地位。

在全球范围内，日本是人均报纸发行量和个人订阅量最高的国家。日本在扶持传媒产业发展方面取得成功的原因之一是通过"行政指导"引导传媒产业发展。

在日本，这种行政指导被视作促进产业发展的一种独特手段。政府通过提供各种信息、制定各种扶持政策和刺激性措施，根据国内外经济技术特点和发展趋势，制定产业发展规划，协助企业确定发展方向，协助企业达到国家既定目标。此外，在强化和完善产、学、研之间的合作体制，以及官民合作研究机制方面进行了大力改革，促进科技创新，加速科研成果转化和实现产业化，这也是其取得成功的另一个重要原因。

韩国的传媒产业是亚洲传媒产业的新兴代表。在以"培养创新能力、发展文化产业"为核心思想的指导下，韩国政府实施了一系列产业政策，旨在扶持传媒产业的持续壮大，以使其在经济发展中扮演关键角色。韩国把以中国和日本为中心的东亚地区视为通往全球市场的门户，并积极推动地区开发，促进出口。韩国正在逐渐将"韩国制造"推向"韩国创作"，这是一种强调设计的创新文化，它已开始渗透到各个产业领域。

（二）传媒产业发展共性规律

虽然各国在传媒产业发展上采取的道路不同，但是它们遵循的内在规律是相同的。

首先，以全球为视角成为制定传媒战略的起点。在许多发达国家，文化产业备受重视，成为国家发展战略的关键组成部分，并已经取得了显著的成果。例如，美国积极推行"单极世界"，澳大利亚致力于打造"创意国度"，英国实施"创意英国"计划，而日本和韩国也在积极推行"文化立国"战略。

其次，文化渗透对于传媒产业实现国际化至关重要。文化渗透的方式主要有三种：一是通过媒体输出文化，比如美国之音用42种语言对世界各地广播，日本广播公司（NHK）也用22种语言向全世界广播，在广播的同时传播本国的文化和价值观。二是通过各国文化交流活动来传播本国文化。三是通过直接推出媒体产品和服务。

政府的支持是推动传媒产业发展的重要因素。政府的支持对于发达国家传媒产业的发展历程至关重要。国家政策的支持与否对传媒产业的起步和发展阶段至关重要，对该行业的成败、前途和影响直接产生决定性作用。政府对传媒产业提供支持的方式和途径因各国国情不同而不同。美国作为一个经济强国，致力于通过宏观战略的手段来支持本国传媒产业的扩张，推动其在国际市场上的发展。尽管经济相对不发达，但韩国政府将传媒产业的发展与经济发展紧密相连，因此大力支持该行业的蓬勃发展。从日本和韩国的经验来看，政府对传媒产业的支持，决定了该产业发展的规模以及在全球传媒产业的地位。为了帮助传媒产业迈向国际市场，政府应该采取最有力的扶持方式。这种方式包括重点支持培育可以在国际传媒市场立足的产业，并全力提供支持，以推动这个产业的发展。

第三节 传媒产业基本理论

近年来，随着国家经济体制的转型，传媒行业经历了巨大的变革。许多媒体开始尝试广告在内的多种经营方式，并且积极挖掘媒体本身作为一个独立产业的潜在价值。

传媒产业强劲发展的同时，不但成为文化产业的新的经济增长点，而且还推动了相关产业的繁荣。这有助于优化经济结构。然而，随着资源配置全球化和媒体技术的不断更新，传媒产业面临着新的挑战，需要不断适应和应对。传媒产业内不同子产业现在追求共同的目标，即提高传播效率、扩大传播影响和获取更高收益，因此，它们之间的合作交流日益频繁。子产业之间通过优势互补整合资源，提升了信息质量，并且借助先进技术的共享，提高了工作效率，从而加速了媒介融合步伐的进程。

媒介融合是指不同媒体之间相互渗透、相互交织、相互影响的现象，可以积极地促进媒介优势资源的共享，让不同类型的媒体互相协作，以便取得互补优势共同发展。然而，这种情况可能会导致媒体之间过度依赖，带来不好的后果：一方面，会更加明显地出现同质化现象；另一方面，媒体可能会忽视自己存在的缺陷，进而削弱应对风险的能力。因此，我们需要明确传媒产业价值链上的不同环节之间的相互依存关系，以便找到最适合各自发展的交叉点，并同时加强与其他产业的协调与合作，从而更好地促进中国传媒产业的发展，提高我国的软实力。

一、价值链

（一）价值链概念与价值活动

1. 价值链概念

1985年，美国哈佛大学商学院迈克尔·波特在《竞争优势》中首次提出价值链概念。价值链是企业为客户等利益集团创造价值所进行的一系列经济活动的总称[①]。在价值链中,对于顾客来说,价值的概念指的是产品的使用价值。企业所关注的是产品的营收能力,即产品能否为企业带来销售收入。企业需要创造价值,以维持和股东、客户、员工等利益方的利益。企业的价值链由一系列紧密相关的经济活动构成,包括设计、生产、营销、贸易等诸多环节,这些活动共同构成了企业的"增值作业",从而构成了企业的价值链。在经济活动中,价值链是普遍存在的。不论是上游、下游的关联企业之间,还是企业内部不同业务单元之间,都可以看成不同层次上的行业或企业内部的价值链,而且业务单元内部也存在着价值链联结。基本价值链如图 1-3-1 所示:

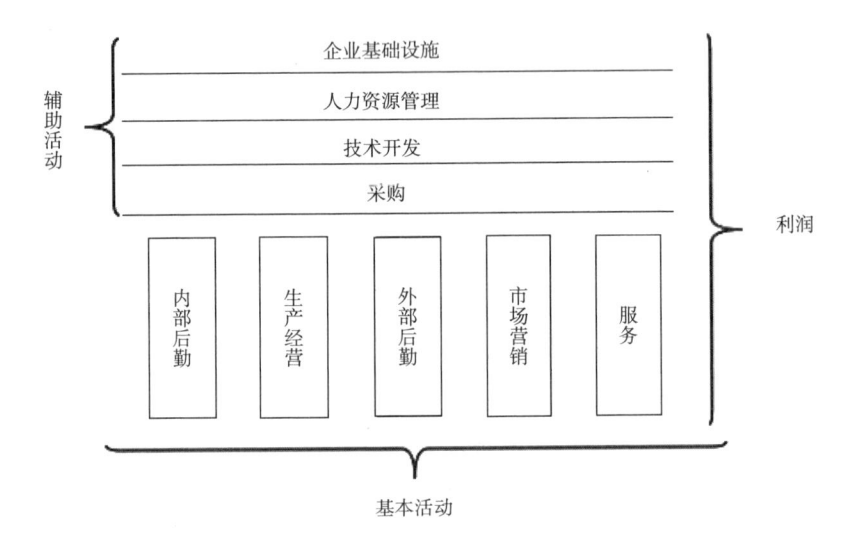

图 1-3-1 基本价值链[②]

2.价值活动

波特提出的一系列价值活动中,包含了一些在所有产业竞争中都必不可少的价值活动。这些涵盖了产品实体的创造、分销、配送和售后支持与服务性活动,称作主要价值活动。主要价值活动有以下五种类型:

内部后勤:包括接收、存储和分配相关的各种活动;

---

① 卢明华,李国平.全球电子信息产业价值链及对中国的启示 [J].北京大学学报,2004,7(4):63-69.
② 迈克尔·波特.竞争优势 [M].北京:华夏出版社,1997:37.

生产经营：包括与将投入转化为最终产品形式相关的各种活动；

外部后勤：包括与集中、存储和将产品发送给买方有关的各种活动；

市场营销：包括与传递信息、引导和巩固购买有关的各种活动；

服务：包括与提供服务以增加或保持产品价值有关的各种活动。

除了上述五种主要价值活动，还有四种辅助价值活动。辅助价值活动是指为保证主要价值活动的顺利进行，公司进行的各项互动支持活动。这些活动涵盖了企业基础设施、人力资源管理、技术研发以及物资采购等方面。

无论是主要价值活动还是辅助价值活动，都是构成企业价值链的主要内容。企业是一系列价值活动的集合体，这些活动包括生产制造、销售营销、财务管理、人力资源等方面，共同构成了企业内部价值活动的表现形式。更重要的是，企业内部的主要价值活动和辅助价值活动都能够创造价值。这些关联的活动组成了创造企业价值的动态过程，即价值链。

主要价值活动构成了价值链的主要环节。然而，除了这些主要的活动，企业在构建自己的价值链时还需要考虑到其他辅助活动，例如原材料采购、人力资源管理以及技术开发等。除此之外，企业的基础设施还涉及一些关键职能，如管理、法律事务、会计等，以确保能够为企业的整个价值链提供必要的支撑。企业的竞争优势来源于它们在特定产业内各种活动的组合，这些活动必须以更低的成本或更高的质量来开展，这就构成了企业必要的价值链。

价值链的概念源于企业应该将自己放在整体战略的高度，考虑如何从各个价值环节综合考虑总成本，并评估整体经营效果。通过与对手的价值链进行比较与竞争，可以发现两家企业的竞争优势差异，这种比较通常会形成企业独特的竞争优势。

若从整个产业的角度来看，企业的价值链存在于更大的活动群中。现今，企业的价值链已变得更为庞杂和复杂，不再局限于单一环节，而是涵盖上游供应商、中游生产商以及下游分销商等多个环节。波特将这个复杂的系统称作"价值系统"。通常情况下，这个价值系统是由多家企业共同组成的，各家企业都扮演着不同的角色。价值从上游到下游环节流动，每经过一个环节就增加一定的价值，最终流向系统外部，向用户的方向流去。

如果一个企业集团涵盖了价值系统中的各个环节，那么其中很多环节将大大缩减，成本大大降低，系统也将显得更加简单扁平。通过整合，供应商、生产商、渠道商共同属于一个企业集团，由于共同的公司总部存在，不同的价值链之间能共享某些价值活动。按照迈克尔·波特的价值链理论，共享一项价值活动就增强了该活动的生产能力。共享是一种取得规模、加速学习曲线下降或者在某一产业界限之外充分利用生产能力的途径[①]。

通过纵向整合形成的企业集团，涵盖了供应商价值链的各个环节，使得在管理和交易中能够共享价值活动。商品在价值链上的流量可以通过管理进行协调，优化生产过程并利用相关设备和人员，提高效率，同时降低成本。此外，价值链中的现金流动也会更加平稳可靠，同时付款速度更快，这是价值链降低成本的优势。同时，价值链还可以确保企业集团产品或服务实现差异化。企业通过在价值链上开展独特的共享价值活动，形成内部价值流动结构，从而通过提供差异化的服务。企业可以获得无法被竞争对手模仿的竞争优势，这是结构竞争相较于规模竞争的竞争优势。

（二）传媒产业价值链的理论

传媒产业是由众多传媒个体组成的一个庞大集合体，其主要任务是采集、加工和传输行为，以向特定的传媒消费者和广告主提供服务。相较于普通产业而言，传媒产业的独特之处在于它所传输的产品是信息，而非实物。但同其他产品一样，传媒信息产品也会在一个价值链上流动，并且这个价值链同样是一个系统内部的价值共享结构。了解传媒产业中复杂的价值流动结构，对于从一般到特殊来理解该产业有很大的益处。

传媒产业价值链意味着我国传媒业未来的发展需要经营重点转型，从过去"单点"突破式的经营转向规模化的媒介集团"结构"型经营。

传媒产业的价值链内部包括媒介信息产品的生产、加工、传播、推广、提供相关附加价值的各个环节。当产业链中的价值开始流动，也就是价值链开始运作时，各个环节的合作和发展能够实现资源的最大化利用和效益，这种商业和合作模式就会变得更加有效。

---

① 迈克尔·波特.竞争优势[M].北京：华夏出版社，1997.

据一些学者所述，传媒产业的完整价值链应包括广告公司、发布公司、发布监测机构、视听监测公司、广告监测机构、节目制作公司、其他相关的配套服务商，以及产业链上各个部分的人力资源供应。这一定义包含了主要价值链和辅助价值链，下面所探讨的传媒产业价值链主要关注对主要价值链的分析。价值链理论主要阐述了组织行为的"结构"意义，即商业行为不是独立存在的，而是与一系列行为以及整个系统相互关联的。该理论意味着将单个组织的商业活动必须看作一个整体系统的组成部分，而非孤立存在。

（三）传媒产业价值链的结构

传媒产业价值链是由不同环节的优势互补、资源互换而达成的由各种要素和资源共同构成的整体关系。

如图1-3-2所示，媒介市场有广告客户与广告公司、内容制作与销售、媒介平台、发行系统和传输网络、受众调研公司，以及上述所有组织的最终受众。随着纵向一体化商业模式的兴起，出现了一些集成多个环节的大型媒介集团，它们在各个环节都有着强大的竞争力。与此同时，也有一些专业媒介机构纷纷涌现，它们在媒介产业价值链的某一个或两个环节展现出了卓越的竞争优势。以下是对传媒产业价值链上的各个环节的简要概述。

在传播过程中，媒介平台是至关重要的一环。无论是意识形态属性还是产业属性，都要通过播出平台实现。因此，媒介平台具有搜集受众注意力的重要职能。在我国，要进行电视播出，必须获得国家颁发的播出许可证。自四级办电视被取消之后，目前我国的电视播出平台主要由中央电视台、各省级电视台、各城市电视台以及少量外资电视台所构成。

网络平台，又被称为发行网络，目前主要由与电视台有密切关系的有线网络公司掌控。随着国家广播电视总局制定的下一步发展规划，在家庭应用领域，无线网络和卫星网络的使用将更加广泛普及。随着媒体行业的不断发展，电信和IT企业也逐渐涉足其中。它们利用自己的有线网络和无线网络，涉足网络平台，为媒体产业注入活力。比如当前流行的网络电视、IPTV等，都是电信和IT企业与媒体产业上下游环节合作的典型案例。

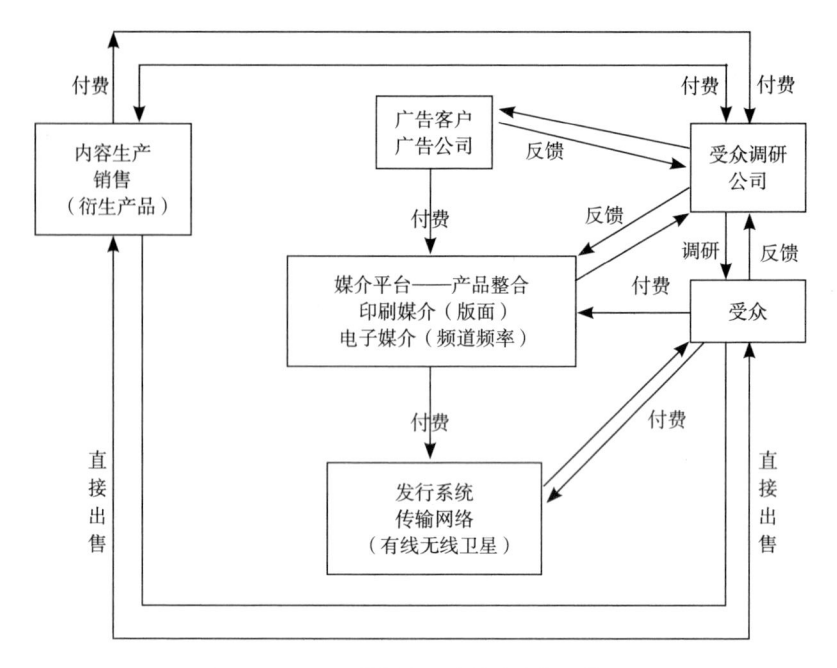

图 1-3-2　传媒产业价值链结构图[①]

电视节目的内容制作和销售通常由影视制作公司和节目发行公司等来负责，而电视机和电视网络硬件的生产商则是设备提供商。虽然电视剧、娱乐、体育等节目已经比较成熟并基本独立于电视台经营，但是内容提供商和播放平台之间还没有完全分离。

电视台的经济命脉在于与广告公司和广告客户的紧密合作，因为他们是电视台重要的收入来源。在竞争激烈的媒体市场中，广告资源成了买方市场，导致广告经营变得更具挑战性。要实现增加客户市场份额、提高投资回报的目标，企业在推广和销售上就必须发展成为客户的成长伙伴。现今电视台的广告管理已经朝着提供全方位服务和深入行业研究发展的方向不断前进。

传媒产业的受众调研公司主要是收视调研公司，目前央视 CSM 是其中的代表。这些公司提供收视数据，帮助广告客户和媒体实现自我监测与预测，它们在这个过程中扮演着至关重要的角色。受众在产业价值链的终端，会受到每个环节的影响，但与任何具体的环节均无直接接触。因为受众是潜在消费者，所以无论

---

① 胡正荣. 外国媒介集团研究 [M]. 北京：北京广播学院出版社，2003.

在哪个环节，都希望与目标群体建立更亲密的联系。数字电视系统平台的所有者已经把受众数据库作为重点发展内容之一。他们的目的是通过掌握受众资源，提升该平台的价值。用户群规模庞大，包含详细的用户资料，这些数据无论是用于营销分析还是二次销售都具有极高的价值。

在传统电视的有线网络下，产业链中流动的价值主要由广告来支付。广告是维持整个产业生态系统的主要经济来源。在数字电视时代，价值流则一直流到最终端。这意味着受众支付的视听费将会分摊网络成本，并为内容或服务提供商提供分成。可能在购买节目时，已先行支付了这一部分成本，但最终还是由用户来承担支付。各自管理的系统环节会决定最终播出平台、网络平台和内容提供商之间的分成关系。

（四）传媒产业价值链的发展特点

1. 价值下游化

在美国，虽然版权作品是美国传媒娱乐集团的核心价值，但集团利润的主要来源不是核心产品，而是相关产品。其比重多在4∶6，甚至2∶8，也就是说价值在往产业下游转移。

2. 垂直联合

垂直联合能够把内容和传播渠道结合在一起，如果一家公司能够控制这两大要素，就能宣传自己的内容，并控制用户接触对手的内容，而且这也能增强自己讨价还价的能力。美国的迪士尼就成为垂直联合并进一步将创新型业务转化为品牌管理的先驱，它把《狮子王》《玩具总动员》等动画片发展为利润诱人的产品系列。

3. 注重核心价值

拥有核心价值、抓住大众喜闻乐见的版权作品，开发产业价值链条。如商业电影是美国传媒娱乐集团的支柱，因为电影产业是"火车头"产业，产销电影可以在院线放映，可以在电视、网络播放，还可以开发相关音乐、主题公园等。

4. 产业日益集中

日益激烈的市场竞争，迫使各大影视集团兼营部分不同性质、不同层次运作模式的产品，如印刷传媒、音像制品、广播影视，以及对同一产品上下游市场进行充分利用和开发相关产品。

5. 注重创新

影视行业的生存法则就是创新、创新、再创新。谁也不敢保证自己就是生意场上的常胜将军，谁也难以做到垄断和控制整个市场。当今世界日新月异，电影、电视剧作品琳琅满目，消费者的喜好也是变化多端，而持续地创新和抢得先机，对于影视企业至关重要，如果不想被竞争对手打败就必须开发新产品。影视企业还需要时刻抓住新生代即"消费示范族"瞩目的焦点，站在时代浪潮的尖锋，赶在同行最前面，敏锐地做出调整，只有这样才能建立高价值的，而且让竞争对手无法仿制与套用的品牌资产。在娱乐经济时代，随波逐流、步人后尘的跟风企业获利空间将会非常有限。

6. 规模效益至关重要

对影视行业来说，向1000万用户传送内容的成本与向500万用户传送没什么区别，一旦电影电视节目的成本收回了，每增加一个受众都能增加利润。当前，影视行业已经发展到了一个规模化竞争的时代，规模化竞争对资本市场准入以及获取有效回报有了一个资金介入的门槛，即规模化门槛。今天影视行业竞争的态势，已不在于单个影视资源本身的配置，而在于更大层面上的配置以及集团化的竞争，没有规模就难以生存。

（五）传媒产业价值链的整合方式——以影视产业为例

近年来，中国传媒产业价值链发生了很大变化，尤其是中国影视业，影视业市场化、集团化成为主流。目前影视企业间的竞争日益加剧，其趋势主要体现在规模化、差异化和智力化竞争三个方面。随着竞争强度的加大，企业在组合资源方面较倾向于在更高层面上组合资源，以集团化的建构为主流形式的合作、联合，将成为我国影视产业未来的生存发展模式。在竞争压力下，资源互补、价值衔接、市场共享的各类合作方式将成为中国影视市场的一道风景。

1. 系列化方式

系列化是指在同一层次上实现平面联合，如一个影视总公司下面有若干个子影视公司。系列化方式是影视集团的较为初级的形式。系列化的影视集团主要利用同一层次上的专业经验、资源和设备，在某一领域形成规模效应，但最大的问题是其资源的规模化利用效率比较低。由于构成集团的子系统处在同一类别层次，因此，在内容资源使用上，就有一个排他性的问题，不然就会出现简单重复的问题。此外，单一层次的影视集团没有形成市场影响力和社会影响力的立体化建构和覆盖，而且在一体化传媒集团面前体现不出整体竞争优势。

2. 一体化方式

一体化是指在不同层次上实现立体联合，如由电影、电视、广告、艺人经纪、影院院线、音乐公司等多种形式构成的影视集团。这有利于集团在价值链上进行资源的配置优化、提高效率、增强核心竞争力。一体化有两种形式：一种是产业链的下游环节向上游环节拓展的后向一体化，比如影院院线行业向电影行业渗透；另一种是产业链的上游环节向下游环节渗透的前向一体化，这和后向一体化正好相反，如电影、电视行业向影院院线行业渗透。如果一家影视集团实现了纵向扩张并进行了良好管理，就能把创新业务转化为品牌管理，形成以这个品牌为核心的一连串利润增长点。一体化方式是现代影视集团的主流形式，一体化的影视集团在资源利用效率、管理成本和抵御风险方面有着无可比拟的优势。

3. 多元化方式

多元化是指影视集团的资源链接已超出影视集团及其附属产业本身，向其他行业扩展，在更大的行业范围内寻求有助于自己"做大做强"的资源，并结合成命运共同体。多元化不是无序扩张，而是有序扩张，是相关行业的开发，进行价值链链接，且使其增值。

4. 混合化方式

混合化是指影视企业集团化的过程中，兼有系列化、一体化、多元化的方式和跨行业的集团。在影视企业集团化过程中，有的影视企业是根据情势和资源，发现新的增长点即可开始实施，大多数影视集团是混合发展的结果。

5. 资本化方式

资本化是指一家影视公司手中掌握巨额资本，通过上市、兼并、收购、合资等方式控制数个公司，以最快的方式获得产业资源，形成产业集团。资本追求的是投资价值,要搭建一个资本增值的平台或提高行业准入门槛,从而获得整体竞争优势。

在实践中,五种模式根据具体情况表现不同,也有集团多种模式并用。传媒产业价值链整合的效果一般有以下三个方面:

第一,使产业链有多个支撑,业务结构合理,产品定位分工明确,不把鸡蛋都放在一个篮子中。例如,华谊兄弟传媒集团旗下有影视制作公司、电视剧制作公司、艺人经纪公司、影院公司等,这些公司各自有明确的市场站位。

第二,资源集中,配置优化,形成竞争优势,增强实力,产生规模经济效应。

第三,相关行业链接,资源利用率大幅提升,与非集团化相比,经营成本降低、交易费用减少、效益倍增。

(六)中国传媒产业价值链的构成

当传媒产业内的分工因社会生产力的发展不断深化、细化,传统传媒产业中以一个企业为主导、"一家独大"式价值创造模式已经不再适应社会经济发展水平。于是,传媒产业内部分化出多个企业分工合作的价值活动,并且这些看似独立的企业之间相互依存、相互补充、环环相扣,有机地衔接成一条上下游位置关系明确的"链条",这些被串联在同一链条上的企业相互促进、共同创造价值。简单来说,即在某一产业内,以某项核心价值或技术为基础,围绕某种特定产品的生产,或以提供某种服务满足某种需求为目的涉及上下游链条关系的,就是通常意义上的产业价值链,这种上下游的链条关系具有相互衔接、有效促进资源优化配置等特征。

1. 报纸产业价值链的构成

任何媒介的产业价值链都是以提供信息商品为主的价值增值链。对于报纸来说,提供"信息"是其无可争议的首要任务,报纸产业价值链上的各个环节要实现价值增值,都必须围绕"信息"来做文章。通过删除、分类、编排、整合、营销等一系列加工工作,最终将信息产品传送给广大受众。

中国报纸产业经历了一个从无到有、从小到大的演进过程,报纸产业价值链也经历了从最初的传统产业链,到现在"立体产业链"的进化过程。在中国报纸行业还没有形成一定规模的产业之前，传统报纸产业价值链结构比较简单，主要包括内容生产方、渠道销售方、获取受众等几个"粗犷"型环节。内容生产方式既包括提供信息源的记者、通讯员等，也包括对信息进行生产制作的编辑、美工等。报社记者通过采访，向报纸编辑部门提供新闻稿件，编辑部门对原始的新闻稿进行编辑整理、排版组稿处理后，送到印刷部门照排制版、印刷成报，最后通过邮局发送。

随着社会经济水平的提高，中国报纸产业逐渐步入报业集团的组建以及集团化运作的时代[①]。这一时期，政府不再向报社提供财政拨款，报业集团引入市场竞争机制。众多报社主动尝试多种经营，对集团化运作的积极探索就是报业集团在争取规模竞争力，实现两个效益最大化的根本方式与途径。要充分发挥集团的规模竞争优势，就必须对报业集团的产业价值链进行有效拓展和重塑。部分报业集团重视内部产业价值链的塑造，它们的常规做法是将整个报业集团的产业价值链看成一个母环，集团下的单个报纸视作母环上的单元构成，重视单个报纸自身内部价值链的打造。在母环价值链上形成多个结构相对简单的子环价值链，子环的运行、构建原理同母环基本趋同，都是围绕采编、发行、广告这三个方面来促成内部资源优化配置，子环价值链不断开展的价值创造活动，带动和促进了母环价值链的价值创造。如此，报纸产业的价值链就变得复杂多了，拓展了报业集团化运作的空间，促成报业集团内部的优化效应，达到社会效益与经济效益最大化，全面提升报业集团的行业竞争力。部分实力雄厚的报业集团更加注重报业与其他相关行业产业价值链的构造，这里的相关行业可以是与报纸同属于文化产业的其他行业，也可以是抢滩"资本之船"的文化产业等行业。比如近些年来，部分报业集团不断将产业价值链的下游往外延伸扩展，不断扩大集团经营覆盖面，将产业价值链延伸到酒店、旅游、房地产等高回报产业领域。由于报纸有着得天独厚的品牌优势，只要运营得法，通常能实现集团规模与效益的快速激增。

总之，当报纸进入集团化运作后，其产业价值链就不再是原始状态下的单元构成了，而是多个环节、多个链条相互补充、相互融合的循环联动。

---

① 罗建华. 报业集团化运作创新：打造价值链、品牌链、产业链[J]，新闻战线，2003（4）：34-36.

随着互联网技术的快速发展，新媒体的强势崛起对传统媒体形成巨大冲击。为了适应信息时代的发展变化，守住报纸产业的"一亩三分地"而不被新媒体蚕食，报纸产业需要对现有的产业价值链进行更深层次的挖掘，报纸产业立体产业价值链应运而生。所谓立体产业价值链，依然紧密围绕内容生产这一核心产业价值链，在这一基础上开发出更多的微产业链，比如渠道链、品牌链等。渠道链使报纸可以更好地利用网络、手机等新媒体技术，打造相应的网络传播产业链、手机传播产业链等，以此来实现信息更快、更广的传递。内容传播渠道的单一严重影响着报纸覆盖率、影响力的提升，也制约了报纸盈利模式的多样性发展，有针对性地打造报纸产业立体产业价值链为报纸多点盈利提供了有力保障，也是报纸产业在网络信息时代的制胜策略。

2. 图书出版产业价值链的构成

全国第一家报业集团——广东日报报业集团的成立时间为 1996 年，直到 1999 年，中国才有了首批出版改革试点单位——广东省出版集团。

如果将集团的组建视为新闻出版行业产业化运行的标志，那么当报纸产业已经将产业价值链延伸到文化产业以外的行业时，图书出版产业价值链才开始组建[①]。三年的迟滞发展，使得图书出版产业价值链无论是在媒体地位还是产业规模上，都远不如报业。其中还有一个突出的原因表现在图书的产业特征天然地将广告这一有着巨大价值增值空间的环节排除在产业价值链外，这一缺陷严重制约着出版产业价值链的操作平台与发展空间。

图书出版产业价值链分为广义和狭义两种。狭义的指传统纸质图书出版产业价值链，广义的内涵更多，除了传统纸质图书出版产业价值链，还包括电子、网络等出版产业价值链[②]。从计划经济时代到现今电子科技迅猛发展的社会，出版产业价值链的建设与成长一直围绕着出版、印刷和发行这三个基本环节。简单来说，出版产业价值链可以定义为，以"出版—印刷—发行"为基础环节，且具有连续追加价值关系的出版关联企业组合而成的企业联盟。这种企业战略联盟关系正是图书出版产业价值链最为显著的特征，各类出版关联企业因具有连续追加价

---

① 翁昌寿. 中国出版产业链理论构想与现实操作 [J]. 编辑之友，2003（3）：4-8.
② 程肖芬，于航. 论图书出版产业基于价值链特征的经营策略 [J]. 现代财经，2009（9）：93-97.

值的关系而加入联盟。这种以企业联盟形式组成的出版产业价值链,其主体具有鲜明的独立性,产业价值链上的各个环节是相对独立的出版关联企业,这些企业虽然都分布在出版产业价值链上下游的各个环节中,但它们的关系是独立于市场主体的战略联盟,有别于同一出版企业的纵向一体化经营。因而不管经营者制定怎样的策略来实现出版产业价值链的增值,通常都会着眼于加强产业价值链的发行环节,在打造好传统发行渠道的同时积极将产业价值链延伸到网络发行平台。

出版产业价值链上的出版、印刷、发行三大基本环节,是完全按照自身的目标使命来确定产业链上的位置与地位。虽然这些环节之间相互联动、相互制约,但价值的增值能力与盈利水平存在较大差异。图书出版产业价值链是典型的资源导向型产业链,最重要的内容资源完全掌控在出版环节的企业中,其余印刷与发行环节,其价值创造活动基本由出版环节来调控,处于绝对的被动从属地位。因而,出版环节牢牢占据着产业价值链的高端地位,而印刷与发行环节则处于相对的低端位置。

3. 电视产业价值链的构成

从世界传媒产业的历史进程来看,作为信息时代产物的电视产业还只能被称作新兴产业。西方发达国家的电视产业兴起于20世纪80年代,中国电视产业的发展,起步于1983年中央制定的"四级办电视"方针,那时的发展方式是粗放型的,经营格局也是单兵作战的"点"式经营。面对生存环境的转变,电视产业价值链的基础结构、构建环节以及价值流向都发生了深刻变化。

电视产业价值链可以定义为:电视产业集团内各种价值活动的有效联结,这种联结的组成和有效联动就是电视产业价值链。一个完整的电视产业价值链应该包括产品的创意设计、生产制作、播出发行、广告投放等多个能实现价值增值的关联环节。在新经济条件下,电视产业步入转型的关键时期,其产业价值链可以更准确地表述为:围绕电视节目的生产,以电视、报纸、广播、杂志、图书、光盘等为发布渠道,以策划、制作、发行、广告以及相关和非相关产业开发为工业流水线的商业价值运作体系。通过研究电视产业价值链的结构框架与内在运行规律,可以发现这一系列环节除了上下游的有机联动与沟通融合外,还在围绕节目产品这一核心元素不断沿横向和纵向两级延伸。这种延伸不仅包括电视产业的相关性多元化延伸，比如品牌栏目的价值延伸、电视剧的运营等，还包括一些非相关性的多元化延伸，比如酒店、房地产等领域的资本运作与资源整合。

在传媒产业化经营不断发展的趋势下，电视产业的进一步分化与整合成为必然趋势，更深层次的分化和更广领域的整合都成为可能。针对电视产业价值链，进一步的分化能为其环节的构建带来更多专业性服务公司，比如近些年兴起的独立调研单位、独立媒体监测单位等。这些单位作为数据服务商，为媒体和广告公司提供最新最全也是其最渴望获得的受众反馈信息，以便它们根据市场的需求来及时调整经营策略，实现双重效益最大化，推动电视产业市场化运作的良性循环。更广领域的整合则表现在营销领域，可以将产品的开发设计、定价、销售策略甚至广告计划接触点的管理等，打造成一个整合营销的传播系统。

近年来，中国电视产业实现了较快的发展，但仍面临着产业价值链盈利模式单一、产业价值链各环节联系不紧密、海外市场拓展乏力、资本供血不足等问题，其中又以产业价值链盈利模式单一表现得最为突出。众所周知，中国电视产业的盈利模式目前主要还是依赖广告投入，这种对单一模式的依赖既是电视产业进一步扩大产业规模的瓶颈，也是电视产业价值链不断完善的软肋。实质上，电视节目一直都是电视产业的核心，没有好的节目产品，价值产业链也就成了无源之水、无本之木[1]。如果不重视节目内容环节的价值创造，而是继续依靠广告环节的价值增值，在新经济条件下，必然会影响电视产业的抗风险能力和盈利创收能力，更为不断研究和推进电视产业价值链的重构提出难题。

4. 网络产业价值链的构成

网络产业是整体宏观形势最好、发展速度最快的传媒产业。这一方面得益于国民经济的向好，有力拉动了互联网经济的增长，另一方面也是因为国内互联网发展政策保持了一贯的积极稳定性。2010年1月，国务院决定加快推进电信网、广播电视网和互联网三网融合，三网融合是互联网技术不断演变和发展的必然结果，也是中国网络产业发展的趋势。计算机网络方向的专业人员通常将三网融合下的新网络称为"下一代网络"，网络产业价值链的实质就是三网融合的网络，

---

[1] 翟红.打造中国电视产业链，开拓电视经营新思维[J].现代电视技术，2009（7）：98-100.

分成模型下传统网络产业链各项价值环节与节点的重新组合，新组合的产业价值链既有从传统产业价值链中整合的环节，也有新加入的细化环节。

三网融合实现了电信、电视和数据业务的统一，是一个将有线、无线合一的网络构架。从功能上说，三网融合分为接入层、传送层、控制层和业务层四个层面。这四个层面主要提供三个方面的业务，分别是传输层业务、承载层业务和业务层业务。

传输层是网络的物理基础，除了提供网络物理安全保证外，还担负着业务承载层节点之间的连接功能，因此，传输层提供的传输业务对应到网络产业价值链中就是网络运营商所承担的功能。从网络产业价值链的原始形态到今天，网络运营商一直都是产业价值链中的主导者，但在传统的产业价值链中，运营商关注的重点是网络容量的扩张，而在三网融合的复杂模型下，为了满足业务层提供的大量信息和娱乐业务的需要，运营商开始将重心转移到更多业务的开发和更快网速的提供上。网络运营商在整个产业价值链中所承担的任务就是要将所有的网络服务进行整合，然后统一提供给受众，它是产业价值链能够正常运转的基础，能为网络产业中的各种业务提供一个适合它们发展的土壤。

承载层业务是指基于分组的网络，提供分组寻址、统计复用及路由功能，通俗一点说，就是为互联网客户提供宽带专线或者各类制式的互联网接入与承载业务。这一类业务的主要承担者是产业价值链上的服务提供商以及系统集成商。服务提供商可以狭义地理解为各种形式的网站。网站要上线经营，实现有效运转，就要先租用运营商的网络，然后将内容提供商生产的内容产品传递给受众，为受众带来便捷、个性化的网络体验。在三网融合技术越发成熟的条件下，网络的体系结构将更加灵活，业务引擎技术也会更加成熟，服务提供商可以推出更多灵活方便、高效及时的业务和应用。同时，业务的部署与运行成本也将得到有效降低。系统集成商在网络产业价值链中角色重要、位置关键，可以预见的是，随着三网融合技术的推广运用，系统集成商的地位将在产业价值链中表现得更为突出。在传统网络中，不仅业务模式简单，业务种类也很单一，而三网融合的一个显著特征就是带动了业务种类的繁荣，为了共享这些业务，受众可能会装载更多设备，如果想要免除这一繁杂的程序，就需要系统集成商不断地更新升级来更好地整合这些业务。系统集成商环节有巨大的价值增值空间，代表着未来网络产业价值链上高价值丰度的上游发展方向，微软和苹果等行业巨头也都格外看重这一块技术的研发，盛大公司推出的"盛大盒子"就是这方面的先进成果。

业务层业务是整个网络模型中提供业务最丰富、最重要的层面，这一层面对应产业价值链的内容提供商环节。很多时候，内容提供商都是产业价值链上的核心，没有内容提供商，整条网络产业价值链就是无本之木、无源之水。如上文所述，专业的内容提供商会以买断或者按比例分成等盈利方式将自己生产的内容产品提供给服务提供商，这些内容产品通常表现为丰富多样的语音、数据、音乐、视频等多媒体业务和应用，服务提供商将这些内容产品传播给网络受众，供网络受众享受和体验，满足他们的需求。在三网融合背景下，内容提供商的数量和种类变得越来越多，甚至受众自身也成了内容提供商。受众最初只是整条产业价值链上靠近末端的一个环节，只是单纯的业务接受者和信息使用者。一方面由于网络技术的快速发展，另一方面由于受众需求的个性化变异，受众与受众之间的内容传输、业务交流不断增多，逐渐发展成小规模的群体，而基数庞大的小规模群体通过数据共享的纽带形成了更大意义上的用户群，用户群成为实实在在的内容提供者。

网络产业价值链上还包括网络设备制造商、终端设备商、消费电子厂商、广电部门、监督部门等更多的环节，甚至连房地产开发商也成为网络产业价值链中一个独立的环节因素[①]。

二、供应链

（一）供应链的基本概念

供应链的概念最初是以供应链管理的形式出现在 1983 年和 1984 年《哈佛商业评论》的两篇论文中。供应链管理是指对整个供应链系统进行计划、协调、操作、控制和优化的各种活动和过程，其目标是将顾客所需的正确的产品（right product）能够在正确的时间（right time）按照正确的数量（right quantity）、正确的质量（right quality）和正确的状态（right status）送到正确的地点（right

---

① 牛伟.家庭网络产业价值链及其盈利模式分析[D].北京：北京邮电大学，2009.

place），并使总成本达到最佳化。供应链的定义是以完成从采购原材料到制成中间产品及最终产品，然后将最终产品交付用户为功能的，由一系列设施和分布选择形成的网络。一个供应链是一系列过程，其中一个过程补给下一个过程。最简单的供应链是一系列单向过程，能有效地降低成本。

形象一点，我们可以把供应链描绘成一棵枝叶茂盛的大树。供应商、制造商构成树根，独家代理商则是主干，分销商、零售商是树枝和树梢，满树的绿叶红花是最终用户。根与主干、主干与枝的一个个节点，蕴藏着一次次的流通，遍体相通的脉络便是信息管理系统。供应链包括了从原材料到产品到达最终消费者的整个活动过程，在这个过程中，物流和信息流伴随始终。随着物流的转移，企业之间产生了支付行为，这就是资金流。资金流的出现，体现了企业在物流过程中的增值效应，同时也体现了企业效益[①]。

（二）供应链的基本特征

供应链包括了企业提供最终客户所需要的产品和服务的一系列流程和行为，企业的任何成员都可以参与到供应链中来。在供应链中，客户和供应商是相对的概念，一个企业的客户可以是另一个企业的供应商，因此整个供应链都是由供应商和客户这两种角色组成的。分销系统提供了供应商到客户的各种渠道，这有赖于产品和市场两个因素；分销系统中包含着各种分销商，如批发商、零售商。产品与服务在供应链中通常是由供应商流向客户，而各种需求信息通常是从客户流向供应商。

实际上，供应链不是链状的，而是网状的、复杂的，它是一个供应和需求的网络。从理论上讲，在这个网络中，企业可以有很多供应商，也可以有很多客户。供应链由所有加盟的节点企业组成，其中有一个核心企业可以是制造型企业，如汽车制造商，也可以是零售型企业，如美国的沃尔玛，其他节点企业在核心企业需求信息的驱动下，通过供应链的职能分工与合作、生产、分销、零售等，以资金流、物流和信息流为媒介，实现整个供应链的不断增值。

---

① 杨梅.供应链中合作伙伴的选择与评价[D].北京：对外经济贸易大学，2006.

供应链是人类生产活动的一种客观存在。但是，过去这种客观存在的供应链系统一直处于一种自发的、松散的运动状态，供应链上的各个企业各自为战，缺乏共同的目标。进入 21 世纪后，经济全球化、市场竞争全球化等浪潮一浪高过一浪，自发供应链所存在的弊端开始显现出来，企业必须寻找更有效的方法，才能在这种形势下生存和发展下去。因此，人们必须对供应链这一复杂系统进行有效的协调和管理，才能取得更好的绩效，才能从整体上降低产品（服务）成本。基于供应链对所在企业所处的产业的审视逐步受到人们重视，可以说任何产业都可以站在宏观的角度，从供应链入手去把握全局，进行供应链的经营和管理。

（三）供应链的流程简述

供应链一般包括物资流通、商业流通、信息流通、资金流通四个流程。四个流程有各自不同的功能以及不同的流通方向。

物资流通主要是物资（商品）的流通过程，是一个发送货物的程序，该流程的方向是由供货商经由厂家、批发与物流、零售商等指向消费者。

商业流通主要是买卖的流通过程，是接受订货、签订合同等的商业流程，流程的方向是在供货商与消费者之间双向流动。目前商业流通形式趋于多元化，既有传统的店铺销售、上门销售、邮购的方式，又可以通过互联网等新兴媒体进行购物的电子商务形式。

信息流通是商品及交易信息的流通过程，也是在供货商与消费者之间双向流动的过程。过去人们往往把重点放在看得到的实物上，因而信息流通一直被忽视，实际上对于企业融资来说，信息不对称风险才是最大的障碍，信息流是否通畅是企业融资是否顺畅的决定因素之一。

资金流通是货币的流通，为了保障企业的正常运作，必须确保资金的及时回收，否则企业就无法建立完善的经营体系。该流程的方向是由消费者经由零售商、批发与物流、厂家等指向供货商。

（四）传媒产业供应链发展方向探究——以我国电影产业供应链为例

1. 电影产业供应链分析

从电影产业的角度来看，电影产品进入消费领域流通就成为一种文化商品。

作为商品，就有其来源、生产、销售的过程，可以从宏观上把握，从整个电影产业供应链去分析。英国著名经济学家克里斯多夫认为：市场上只有供应链而没有企业，真正的竞争不是企业与企业之间的竞争，而是供应链与供应链之间的竞争。从供应链上把握电影产业，有助于我们对电影产业理解得更透彻，有助于我们更好地把握电影产业链的节点。

2. 电影产业供应链体系结构

电影从生产到销售大致可以分为五个阶段：第一阶段，融资、策划阶段；第二阶段，生产制作阶段；第三阶段，发行和集中进行市场营销阶段；第四阶段，影院放映阶段；第五阶段，回收资金并进行后电影产品开发阶段。这五个阶段在电影产业供应链中贯穿始终，是电影产业供应链的基本动态形态。

从供应链的角度来看，整个电影产业是由制片商、发行商、放映商以及后电影产品开发商等围绕电影产品的前期融资。其是由组织人员及设备、拍摄制片、营销发行、影院放映、后电影产品销售，以及一些相关产业经济活动的上下游企业主体构成的复杂网链结构，以自身的社会结构方式，力求最低的成本、最大的收益，满足消费者对电影影片及相关后电影产品和产品服务的需求。

实际上电影产业链包括纵向的产业链与横向的产业链，纵向产业链包括电影版权、广告、赞助、票房、衍生品开发等行业，横向产业链包括图书、剧本、电影、电视、音乐、游戏、演出经纪、拍摄基地等行业。按照电影价值的产生层面，可以将电影产业价值分为三个层次：银幕层面、传媒层面、娱乐时尚层面。一般来说，银幕层面的价值占20%，传媒层面和娱乐时尚层面占80%。美国好莱坞的电影产业，电影作为火车头，它本身甚至可以不赚钱，票房收入一般只占一部电影全部收入的30%甚至更少。此外的收入则为电视等版权的电影后产品的收益，利用电影的示范效应带动广告、音像、软件、旅游、娱乐、玩具、服装等相关产品和相关产业的发展。

3. 我国电影产业供应链的发展方向探究

事物总是普遍联系、不断发展变化的，电影产业的供应链生产也不例外，其产生、发展、完善都有一定的客观条件促成，都有其发展的内因与外因。当前供应链研究中发现，供应链生产有一种由推动式发展向拉动式发展的趋势。经济的发展、产品的生产与服务的对象，都开始以人为中心，把消费者的需求放在经济生产的首要位置，根据市场的需求变化来定位和组织生产和销售，避免了盲目地以自我为中心的粗放式经济增长方式，从成本、生产导向型转为需求导向型。

电影产业既然是从事电影产品与服务的生产和经营活动的行业化运作，就要从事产品生产和服务的经营性活动，这与制造业和服务业是相通的，也是一种商品的生产、流通及再生产活动。因此，电影产业链的特征与一般供应链没什么不同，我国电影产业链存在着类似的供应链发展趋势。目前，我国电影产业供应链同时存在内部推动型和外部拉动型两种发展模式。

内部推动模式，指的是利用内部资源优势进行市场开发。选择内部推动发展模式的电影企业，往往拥有较为丰富的内部资源或特殊资源和能力，如明星、知名导演、品牌、资金实力等。由于基础面良好，因此具有较大的主动性和发展空间。但是内推型模式成本较高，风险很大，对企业资源基础也是一种巨大的挑战，稳健有余、灵活不足、不能轻易做出适应性调整，增加企业运营风险是其最大的弊病。

外部拉动型发展模式，指的是根据科学的市场调查与策划，发现市场机遇，根据市场需求快速调整，培养优势资源、迎合市场、降低市场风险。这种模式灵活机动，根据市场变化，有针对性地快速推出适销对路的产品。有了市场基础，也比较容易获得投资认可，有利于资金注入保证供应链条完整。但是，这种模式由主动变为被动，而市场具有多变性，能否真正把握市场脉搏其实也是未知之数。再者，应市场变化而变，没有自己的主体优势，没有自己的优势资源，如同墙头草一般迎合市场，将会使自身资源不断浪费和流失，不能培养自身持久有保证的核心竞争力。同时，片面追求对市场机遇的利用，只在红海中搏杀，而放弃市场机遇的创造，最后可能得不偿失。

由于内推型和外拉型两种发展模式的潜在不足，现代成功电影企业往往会同时借鉴两种模式各自的优势，弥补自己的不足，从而形成内外互动的供应链发展模式，保证企业的可持续发展。这样既能保证现有资源优势与市场机遇的匹配性，又能够为未来的发展培养新的资源优势，从而建立起资源优势和市场机遇的动态匹配性，这也是中国电影产业链的主要发展方向。

三、产业链

（一）国内外研究综述

1. 国外关于产业链研究

（1）产业链概念

产业链这一概念，最早的启蒙思想源于亚当·斯密 1776 年在《国富论》一书中提出的"分工"理论。他指出，工业生产是一系列基于分工的链条[1]。1879 年德国生物学家贝里提出"共生"概念，被范明特、布克纳发展完善，这一生物学思想随后很快被引入社会学、经济学和管理学研究中，成为解决相关问题的理论指导。

1958 年，赫希曼在《经济发展战略》一书中从产业前向和后向的联系诠释了产业链的意义。产业链是产业经济学中的一个概念，是各个产业部门之间基于一定的技术经济关联，并依据特定的逻辑关系和时空布局关系客观形成的链条式关联关系形态。

产业链的本质是用于描述一个具有某种内在联系的企业群结构，它是一个相对宏观的概念，存在价值属性和结构属性，即价值链和供应链。产业链中大量存在上下游关系和相互价值的交换，上游环节向下游环节输送产品和服务，下游环节向上游环节反馈信息。

（2）产业链升级研究

20 世纪 80 年代兴起的新产业组织理论对产业链进行了比较深入的研究，揭示了产业链厂商实施纵向控制、扩张市场势力的策略行为。企业能力理论认为产业链整合可以打造企业的核心能力，并证明了产业链可以将不同能力的组织紧密结合起来创造价值。

目前，在国外的学术文献中，产业链这个概念已经很少使用。他们没有将产业链作为独立的对象进行系统研究，研究重点在产业链的具体表现形式，主要立足于企业的可持续发展，侧重将企业之间的价值链作为新技术经济条件的生产组织方式来分析产业链现象，主要解决产业链中企业的纵向整合或跨组织的资源组合问题。

---

[1] 亚当·斯密. 国富论 [M]. 北京：北京出版社，2007.

2. 国内关于产业链研究

20世纪80年代以来，我国关于"链"的研究日益丰富，尤其是产业链、价值链、供应链的研究成为管理理论研究的前沿。90年代后，产业集群、产业链成为区域经济发展、产业发展关注的重点。今天人们普遍认为，对于企业、区域和行业的竞争优势培育，引入产业链、价值链和供应链的管理思想、发展模式具有积极的意义。此外，产业链、价值链、供应链的概念互相渗透，衍生出产业价值链、供应价值链等新概念。

从国内现有研究成果文献来看，中国关于产业链的研究主要集中在以下两个方面：

（1）组织结构研究

吴金明等在《"龙头企业""产业七寸"与产业链培育》中研究产业链、企业自生能力等问题，并提出产业链运行机制的"4+4+4"模型，对产业实践发展具有重大指导意义[1]。

（2）区域空间分布研究

李丹、郭晨、安义中在《产业链理论在招商引资中的应用研究——以成都电子信息产业招商引资策略为例》中分析了产业链在招商引资中的作用，并将产业链理论与地方政府的招商政策相联系。这类研究主要从空间经济学和区域经济学入手，研究产业链空间布局特点对区域产业链完整性与区域经济增长的影响[2]。

中国对产业链的研究起步较晚，理论研究的文献资料有限。有学者在对中国传媒产业链的研究中指出，传媒产业链的意义在于指导中国传媒产业从过去那种个别的单"点"式经营向规模化的媒介集团式"结构"型经营转型。这一重点转型是中国传媒业未来发展的主要方向。

---

[1] 吴金明，钟键能，黄进良."龙头企业""产业七寸"与产业链培养[J].中国工业经济，2007（11）：55-62.

[2] 李丹，郭晨，安义中.产业链理论在招商引资中的应用研究——以成都电子信息产业招商引资策略为例[J].科技管理研究，2006（10）.

（二）传媒产业链的历史演进

纵观人类大众传播史，大众传播主要经历了三个时代：第一是纸质传播时代，传媒载体为报纸、书籍、杂志等形式；第二是电子传播时代，传媒载体为广播、电影、电话、电报、电视等形式；第三是数字传播时代，传媒载体为高清晰度的电视、电脑、互联网络等。在数字传播时代，传媒生态已经发生了重大的转变，人们可以通过服务商提供的多种渠道完成文字、数据、音视频、增值业务的传输，其核心在于由通信厂商推动的技术变革已经使得各种传媒呈现一种汇流之势。

"传媒汇流"，就是把数字技术当作一切信息资源形态和传媒形态的基础，它为与信息有关的一切产业提供了一个统一平台，将大众传媒（新闻、出版、广播、电影、电视、音像等）、通信（有线与无线）、信息业（计算机与网络）汇合为一，产生一批"巨无霸"式企业。有资料显示，当今世界上95%的文化市场被号称世界九大传媒巨头引导下的全球50家传媒娱乐公司占领。

"传媒汇流"产生的一个重要结果是使许多以前各自为政的企业产生了"跨产业""跨平台""跨部门"的合作动机。由此对传统传媒起到了一种解放的作用：破除了不同传媒间的传统壁垒，信息资源共享，引发了传媒企业在全球范围内的重新整合与竞争。

从注重传媒产业链的单个环节到整个产业链的联合经营，从传媒产业链内部到产业链外部，发展的趋势为系列化、一体化、多元化，表现形式主要有集团化发展与大传媒产业的发展。

大传媒一词来自美国人凯文·曼尼的著作《大媒体潮》，描述的是传媒业不分领域全面竞争的现象。他认为传统大众传媒业、电信业、信息网络业都将融合到一种新产业之下，这个新产业叫作"大传媒业"。大传媒业不仅会呈现爆炸性增长，也会产生向内"凹陷"的效果，即所有的企业都会投入同一市场。

电影、视频、音乐、游戏、玩具、互动软件，这是一个完整的生态系统，一个渗透了许多传媒和市场的食物链。近年来，中国影视业的繁荣兴盛推动了传媒产业的高速发展，影视业作为文化产业非常重要的一部分，它的产出与传统的制造业有很大的区别，设计、采购、制造、营销等价值链环节与制造行业也有很大区别。影视业真正产出的产品并不像传统制造业一样大批量生产，而且在产品制造过程中前期投入非常大，整个行业的经营风险也比传统制造业大。影视业独有的行业特性决定了其价值链整合有自己的特有方式。

传媒经济学的研究早已发现，传媒集团可以实现范围经济，而很多成功传媒集团的发展历程也告诉我们，同一信息（新闻或电影）通过多个传媒渠道发行，会大大增加收益，摊薄成本。可以说，组建跨传媒集团是当今传媒业的潮流和时尚，如美国的迪士尼、德国的贝塔斯曼等，一直在寻找任何可能的合并意向；微软等以计算机软件起家的公司也雄心勃勃地想占领有线网络和传统传媒市场。

多种传媒兼营是国外大型传媒集团发展的普遍现象和内在发展规律。多种传媒兼营，也就是通过延长产品的产业链而进行资源整合，从而有利于优化资源配置，适应市场的多种需求，使市场覆盖最大化。布隆伯格在全球以同一价格销售一种产品，其实早已兼容平面、广播电视、网络等传媒，还进入了道·琼斯、路透集团等很多优势领域。

外资传媒集团借商业性合作进入中国市场，从IT传媒合作逐步向娱乐、财经等传媒拓展，从网络传播平台和电信服务的结合点切入，向纵深全面推进，努力提供接入服务和增值服务。同时，外资传媒在传播领域通过直接或间接方式，进行兼并收购、投资控股、参股、品牌合作、外围渗透等活动，在中国打造本土化的外资大传媒集团。

（三）传媒产业链的价值流动

1. 传媒产业链的价值流动在于广告价值的流动

价值系统分析就是把企业作为一个与上下游紧密联系的单位，放入整个产业链条中进行考察，为企业能够在激烈市场中争取竞争优势的核心价值和发展战略。

进行价值系统分析可以使特定企业明确自身在行业价值链中的位置，寻求以整合或者一体化的方式来降低成本，消除不增值环节，取得竞争优势。进行价值链分析还可以使企业拓展思路，从增强、扩展、重构和再造价值链方面来分析研究，采用效率更高的方式来设计企业价值链活动，使企业的价值获得提升。

传媒产业链中的价值流动，总体上说是从上游环节开始向下游环节流动，并不断增加附加值，最终流到系统外部，向用户的方向流去。但实际交易中，产业链中的价值流动是非常复杂的，它不同于传统制造产业的一般价值流动，传媒产品和媒介售卖的特殊性决定了传媒价值流动的特殊性。

一般来说，媒介产业包括报纸、杂志、图书、广播、录音、电视以及电影。广播电视媒介的节目中包含的信息和娱乐、报纸媒介的报纸实体所负载的能提供消息和娱乐的内容可以被称为媒介的产品。另外，广播、电视、报纸、杂志所提供给广告主的时间和版面同样也可以被纳入"产品"的范畴中。与传统企业生产的有形产品相比，传媒信息产品具有以下特殊性：

（1）无限复制

纯实物经济和纯信息经济从根本上说是截然不同的两种事物。当一件东西被卖出以后，卖者便不再拥有此物，而当一种观念、一种音调被卖出后，卖者仍拥有它，并有可能再次将它卖掉。信息可以无限制地以几乎零成本的形式进行复制。

（2）重复使用

信息完全是收益递增型的，如果使用次数翻两倍，那么其每次使用的成本就会减半。除非信息的最初拥有者有能力限制其他人使用其信息（通过版权、专利或保密手段），否则他们将无法获得与最初的投资相匹配的收益。

而关于媒介售卖过程，常常被学界采用的是"二次售卖"理论，即媒介信息产品往往廉价或者无价出售，为的是获得受众的注意力，再将受众注意力转卖给广告商，实现价值的交换。所以在传媒产业链中，广告价值的流动是其最特殊的一环。

与传媒所承载、传播的其他资讯一起，广告以信息产品的形式通过传播在传者与受众之间流动，在生产、制作、包装、发布、传播的过程中进行价值流动，从传者向受众的单向传播，逐步发展成为两者之间的双向传播。在这个过程中，广告不具有实体形态，它是一种被无形消费的信息产品。这个产品本身也具有一般产品的生产、流通、消费过程，通过生产、流通和消费让渡自己的使用价值，实现自己的价值。

2.传媒信息产品的价值转换

传媒通过信息产品来完成传播者与受众之间的价值传递，按照主动与被动接收的方式，可以将传媒信息产品分为两类：第一类是受众主动需要的信息，即我们所熟悉的节目或版面内容，包括资讯类（新闻、财经等最新资讯），娱乐类（电影、电视剧、娱乐节目、小说连载、情感故事），访谈类（人物专访、时事点评）等深度报道；第二类是受众被动接收的信息，即广告。

对传媒而言，各类信息产品都是商品，都要经过市场流通和交换，有其自身的商业规则，只有满足受众的需求，才能完成价值的传递和转换。但是相对于我们所熟悉的市场经济中的交换行为，这种信息产品交换又有其特殊之处，它不是在一个专门的市场中进行货币交换，而是一个构建在传者与受众之间的平台上的置换选择。传媒担负着其中的内容交换功能，受众出让看广告的时间价值，而获得各类节目、版面内容的使用价值；传者出让所制作节目、版面内容的价值，而获得广告的受众注意力的使用价值。

大众传媒现在主要的经营方式是将广告作为重要的经济支撑，所以媒体的广告报价是关乎各媒体生存的重要问题。按照商品经济法则，传媒通过其节目或版面内容的精彩程度来吸引受众观看，同时吸引受众对广告的注意力，而广告主根据广告被关注的注意力大小来选择是否支付媒体的广告报价。

节目或版面内容的价值，如商品的价值一样，取决于能否满足消费者的需求，这是最本质的。同时，它还受很多其他因素的影响，比如有些媒体比较注重自身品牌形象的建立，或者注重媒体产品的营销推广，这有助于提升媒体产品的价值；又如广告的创意好，让人过目不忘，这也有助于直接提升广告注意力的价值。

简而言之，媒体的广告报价是广告作为传媒信息产品的价格，广告所吸引的注意力是价值，二者应该是统一的。节目或版面内容的精彩程度是衡量价值的标尺，广告策略自身的优劣是产品价值的外在表现。有几个广告同时出现在同一媒体上，这个媒体赋予它们的交换价值是相同的，但是符合消费者需求的好广告作品能够为其增值，提升广告注意力的价值。

广告价值借助传媒，由传者向受众流动，当它随着电视节目播放或者随着报纸发行的时候，这个交换过程就完成了，传媒信息产品的价值传递就完成了。但是广告作为一种意识形态的产品，它衍生出独有的经济价值和文化价值，又影响交换和传递方式。

第二章 传媒产业融合的宏观分析

本章主要介绍了传媒产业融合的推进层级,包括技术进步引发技术融合、业务边界交叉产生产品与业务融合、市场边界模糊产生市场融合、规制改进引发规制融合;传媒产业融合的发展趋势;传媒产业融合发展的动因,包括信息技术创新是其主导要素、竞合关系下的传媒企业追逐效益是其内在因素、资产通用性是其促进因素。

第一节 传媒产业融合的推进层级

媒介演进是一个漫长且持续的过程，涉及媒介类型的发展、媒体形态的变化等多个层面的内容。媒介演进总是遵循着一种规律，即新的技术引发和推动新的媒介，也就改造和影响了之前的媒体形态。在古登堡金属活字印刷术后，传媒产业主要由报纸和书刊构成，文字信息通过邮寄方式得以传播；在无线电和电子晶体管诞生之后，声音和影像的传播成为可能，广播和电视成为传媒产业构成中的一个重要部分。报纸、广播和电视形成三足鼎立且相互独立运行的局面；在互联网出现之后，报纸、广播和电视三大传媒产业各自拥有分立的信息传送平台逐步走向统一，信息接收终端在形式和功能上实现了统一，各个产业的信息传送机制能够实现双向和单向并存的传输形式。各传媒产业间的技术、业务、产品和市场边界逐渐模糊，出现了多方位的融合渗透。根据媒介演进历程，可将传媒产业融合发展分为技术融合、产品和业务融合，然后到市场融合，在此融合的基础上加上规制和法律完善融合，最后形成产业融合，如图 2-1-1 所示。

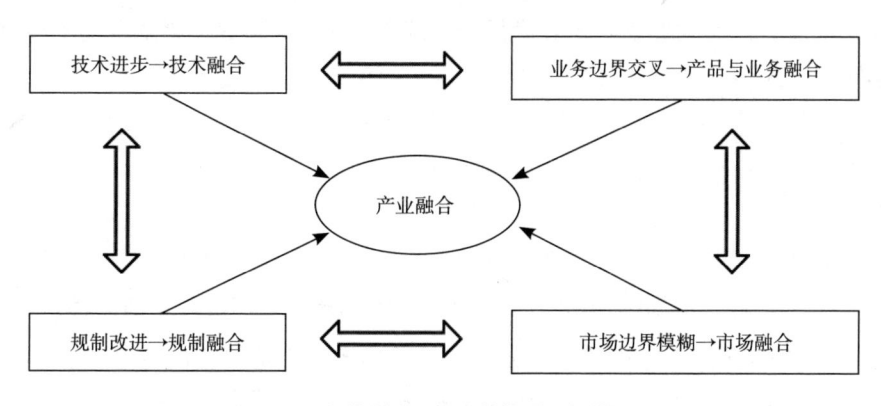

图 2-1-1 传媒产业融合的推进层级模型

一、技术进步引发技术融合

"不同产业之间形成了共同的技术基础和市场基础，导致技术融合和市场融合现象产生，各个产业之间的传统边界将趋于模糊甚至消失，在技术融合和市场融合基础上产生了产业融合现象。"① 可见，技术创新从而产生的技术融合为产业融合的发生提供了最基本的条件。计算机技术和网络技术的创新发展促进了技术融合的形成。计算机技术统一了信息形式，实现了原有的模拟信号转化为数字信号，把文字、语音和视像等形式转化为统一的"比特"。网络技术与计算机技术相互融合发展成为互联网通信技术（IP 技术），给传统媒体带来了更大的冲击，信息传播成本下降，有力地推动了信息传播的速度，并使信息传播方式由单向传递变为双向传递。从报纸、广播、电视和电信产业的分离专用传输平台统一到互联网这一非专用信息传输平台上。

二、业务边界交叉产生产品与业务融合

由于信息传播的技术融合（数字化融合）突破了电信产业和传媒产业的产业界限，实现了所有信息的标准传输形式——比特将不同的信息形式统一起来，使不同形式的信息生产、分配、交换与消费进行精确传递。于是，传媒产业和电信产业的产品和服务内容出现交叉和渗透，在信息服务产品数字化基础上，经过数字化融合的产品差异性逐步弱化，产生了许多融合产品。例如，网络电视（IPTV），原先不同服务产品的提供方式及途径趋于统一，其业务边界开始发生交叉与重叠，从而产生业务融合。

三、市场边界模糊产生市场融合

在技术融合、产品与业务融合的推动下，三大产业（报纸杂志、广播电视、电信）实现整合，市场结构由过去集中于一体化纵向结构转向了横向结构，并形成了崭新的价值链。这种变化打破了市场的边界，创造了新的竞争与合作机会，导致了市场的整合。市场融合深刻影响着产业结构的演变。在市场经济中，产业和相关企业的发展取决于市场和消费者的需求。市场的重大变化对于产业和企业的影响至关重要，它们的发展取决于市场的趋势。

---

① 于刃刚，李玉红.论技术创新与产业融合 [J].生产力研究，2003（6）：175-177.

四、规制改进引发规制融合

在技术融合之前,报刊、广播电视和电信三大产业处于分立状态,三大产业都有自己的管理机构。三大管理机构依据各自不同的政策和管制办法分管自己的产业,三大产业没有业务往来,因此,三大产业的规制没有任何交集。随着信息化、数字化和网络化趋势的发展,三大产业之间的业务和市场出现了融合。原来存在的规制就不再适用于现在融合的现象,那么就应该对产业规制进行相应的调整,依次推进信息传播领域的产业融合。规制融合在许多国家已经是比较普遍的现象。美国是规制融合较早的国家之一。规制融合的表现之一就是放松政府管制。美国20世纪70年代《电信法》颁布于1996年,为了符合"公众利益、便利和必需"的原则,放宽了对广播电视业的限制。同时,还保持对光缆公司的监管。此外,1996年美国通过的《电信法》废除了先前限制电信市场相互拥有权的管制措施,并实行了"开放式视像系统"规范,使电信产业和传媒产业之间得以进行交叉经营。

第二节 传媒产业融合的发展趋势

一、大媒体产业的诞生

根据传媒产业融合推进层级,并结合信息传播领域的融合进程,传媒产业融合发展开始于不同信息传播媒介的融合。从传统媒介到电子媒介,从传播技术的分立到传播技术的融合,传播技术的发展为传播媒介的历史变迁提供了强有力的实现基础。随着数字技术和媒介形态的不断进步,传媒行业不可避免地迎来了多样化媒体的融合发展。这种融合促使传媒产业链各环节相互渗透,引发了一系列新的变化,包括产业格局和分工的调整,以及新的生产模式和商业模式的兴起。这种新的生产模式和商业模式就是所谓的大媒体产业。传媒产业融合发展遵循着从媒介融合到大媒体产业融合的路径。"大媒体产业"一词由凯文·尼曼于1995年在其著作《大媒体浪潮》中提出,他认为传媒产业、电信产业、信息产业将统合到一种新的产业之下,即"大媒体产业"。凯文·尼曼以新闻视角对传媒产业中出现的新产业现象进行了敏锐的描述和概括。他在《大媒体浪潮》中写道:"'大媒体'是一种全新的传播概念和传播方式,向人们提供包括通信、影视、音乐、商业和教育等内容覆盖面极广的全方位资讯和娱乐。较过去的媒体而言,它容量大,技术要求高,多采用现今最为先进和尖端的传播技术和手段,投入资金大,跨行业多,当然也以更深、更广的方式介入人们的生活。"[①]

在凯文·尼曼之后,大媒体产业发展的现实比人们的研究和关注走得更远。随着通信技术和互联网技术的突飞猛进,以电信网、计算机网和广播电视网等网络融合为核心,以传统媒介和新媒介的融合为表现,以传统信息传播服务和新信息传播服务的融合为趋势,传媒产业融合的趋势愈演愈烈。主要体现在互联网、电信网和广播电视网的"三网融合"上;电信、计算机和消费电子产品间的终端

---

① 傅玉辉.大媒体产业:从媒介融合到产业融合中美电信业和传媒业关系研究[M].北京:中国广播电视出版社,2008.

融合；跨区域、跨媒体和跨行业的融合。中国传媒大学教授陈力丹认为，在全球化的大背景下，新闻传播的产业化出现两种新的趋势，其中之一便是新闻传播作为信息产业的一部分，酝酿着新的更大规模的重组[①]。目前，以美国为代表的新闻传播领域的产业融合取得了长足发展，在产业竞争力方面成为典范。

大媒体产业是基于大媒体的概念衍生出来的，是以数字技术为衔接纽带的传媒产业、互联网产业和电信产业融合形成的跨地区、跨行业、跨媒介的新型传播行业。针对大媒体产业，学者之间存在着两种不同的研究视角。一种是从产业经济学研究出发的建构视角，认为大媒体产业的价值在于融合创新，改变了原有产业的定位和市场需求，开拓了全新的市场空间，促进了产业结构的优化，体现了规模经济和范围经济的优势，是一种革命和突破。另一种是从新闻自由研究出发的批判视角，认为当产业集中度提高、企业规模增大时，就会出现掌控话语权的传媒垄断集团，这势必会危害新闻自由和民主权利。这也是伴随着大媒体现象的日益突出，人们对大媒体的反对和质疑之声不绝于耳的原因。从目前的现实情况和发展阶段来看，大媒体产业的两种研究视角在不同国家的表现是不同的。对诸如美国等发达国家而言，传媒产业已经足够强大，产业过于集中。大媒体的批判意义大于建构意义。而对于我国而言，传媒产业还处于发展阶段，做大做强是首要任务，所以更加注重经济效益和社会效益，因此大媒体产业的建构意义大于批判意义。

二、传媒产业融合发展阶段

传媒产业的融合始于在技术创新基础上出现的媒介融合。媒介的融合是媒介生态发展的必由之路。关于媒介融合，为了更深入了解媒介融合的内涵和本质，以及为传媒产业融合发展阶段做好铺垫，将在此再次进行深入分析。

媒介融合是将不同媒介产业整合在一起的过程，与此对比的是媒介产业的分割。传统媒体各自独立存在，在特定的环境中生产各自的媒介产品，不同的媒介产品有着不同的运作条件。随着信息技术的发展，数字化技术已经把文字、音频

[①] 陈力丹.西方新闻传播产业化的进程[J].现代传播（中国传媒大学学报），2001（6）.

和视频等不同形式的信息都转化成了数码产品。随着报纸、广播、电视、网络等各种媒介产业生产的产品或服务相互接近，其边界逐渐模糊或减弱。实现媒介融合需要将不同媒体资源整合起来，并利用数字技术将它们融合在一起，以创造出新的增值服务。也就是说，达到协同合作产生的"1+1>2"的效果。按照戈登教授的分类，媒介融合可以分为五种类型，包括所有权融合、策略性融合、结构性融合、信息采集融合和新闻表达融合。

作为美国最早尝试媒介融合的企业之一，媒介综合集团一直备受传媒界和商界的关注，其经营与管理得到了广泛的探讨和研究。在 2000 年，一家综合媒体公司在佛罗里达州坦帕市建造了一座集多媒体为一体的综合楼，该楼被命名为"坦帕新闻中心"。坦帕新闻中心将整合《坦帕论坛报》、Tampa Bay Online 网站和 WFLA 电视台的编辑部门进行运营。该公司计划组建一个新闻团队，该团队由来自公司旗下不同媒体的记者和编辑以及从事策划、摄影和摄像工作的新闻专业人员组成。为了提高团队的协作效率，他们将共同参与新闻的策划、撰写和制作工作。新闻产品编制完成后，会以多种形式在相互合作的媒体之间发布。这种做法旨在最大限度地利用各种新闻媒介的优势，从而实现最广泛的传播。

这一集团的成功经验表明：一方面，媒介融合在技术融合的条件下是一种必然趋势；另一方面，媒介融合已经发展到相当成熟的程度。没有技术融合和媒介融合，就没有信息传播领域的产业融合。技术融合和媒介融合为大媒体产业的诞生奠定了物质基础。

基于信息传播领域的产业融合的不同范围和发展状态，可将传媒产业融合发展历程划分为四个阶段。

第一阶段：媒介互动，即媒体战术性融合。这一层面的媒介融合并不存在统一的信息采集与发布平台，更多的是媒介之间的合作模式，属于比较浅层次的媒介融合，各媒体之间的界限仍然泾渭分明，但是在内容和营销方式上出现彼此的交叉和互动，呈现出"你中有我，我中有你，但你仍是你，我仍是我"[1]的景象。传统媒体创办电子版报纸或网站可看作媒体互动的一种重要形式。传统媒体创办

---

[1] 许颖. 媒介融合的轨迹 [M]. 北京：中国人民大学出版社，2011.

电子版或网站，在内容上更多是传统媒体内容的直接输入，并没有考虑不同媒体发布平台对新闻信息的不同要求。

第二阶段：媒介整合，即媒体组织结构性融合。媒体组织结构性融合的特征是一个传媒公司或者传媒集团同时拥有报纸、电视、广播和网络等媒体形式，各媒体之间在统一的目标下发挥协同效应，最大限度地实现新闻资源的共享、开发和整合，媒体的资源也因此呈现出多元性的特点，同一种信息因媒体形式的外在差异而形成形态各异的产品，被不同的消费者所获取。这一过程可以使得传媒的运营成本得到有效的控制，并且使信息资源得到循环利用，最大限度地降低消费者产生的视觉与审美疲劳，形成规模效应，使资源得到最有效的配置。上文提到的坦帕新闻中心就是这方面的经典案例。

第三阶段：大媒体产业，即基于广播电视业、互联网和电信业三大产业融合形成的跨媒介、跨地区、跨行业的大媒体产业。它是以网络融合为基础，以市场融合为途径，以服务融合为方向，逐渐构造成一个新的信息传媒产业形态。这种新型的信息传媒产业形态跨越了原有的相互分立的信息传播产业之间泾渭分明的产业界限，在融合的信息传播市场中，为受众提供融合的信息传播服务，并接受融合的产业管制。大媒体产业融合"从根本上动摇和摧毁了传统产业分立的基础，从而是对传统产业分立的否定。这是信息化进程背景下的一种革命性的产业变革，意味着从这个世界走向了另一个世界"[①]。

第四阶段：信息产业与文化产业的融合，即更大宏观范围的大媒体产业融合。传媒产业具有信息产业和文化产业的双重产业属性，在大媒体融合发展的基础上，势必会出现更大层面的融合，那就是信息产业和文化产业的融合。

本书的主要研究对象是中国传媒产业融合现状，因此研究的重点主要放在第三阶段，即大媒体产业。

传媒产业融合阶段及趋势，如图 2-2-1 所示。

[①] 周振华. 信息化与产业融合 [M]. 上海：上海人民出版社，2003.

第一阶段：媒介互动，即媒体战术性融合

第二阶段：媒介整合，即媒体组织结构性融合

第三阶段：大媒体产业，即基于广播电视业、互联网和电信业三大产业融合形成的跨媒介、跨地区、跨行业的大媒体产业

第四阶段：信息产业与文化产业的融合，即更大范围的大媒体产业融合

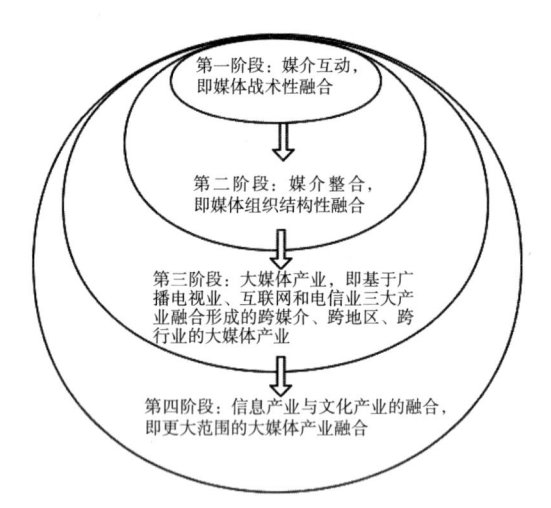

图 2-2-1　传媒产业融合的四个阶段及发展趋势

第三节　传媒产业融合发展的动因

传媒产业融合是一种新的产业创新方式，大媒体产业构造了一个新的信息传媒产业形态。上文已经论述了传媒产业融合的发展阶段以及未来融合的趋势，现在，将透过传媒产业融合这一表象，深入分析传媒产业融合的动因，也即大媒体产业形成的原因。

一、信息技术创新是其主导要素

科学技术是第一生产力。人类社会的每一次重大进步都离不开科技的发展和创新。创新是企业家为了获得潜在利润，采用新的生产要素和条件，构建新的生产函数的过程。创新可以分为五类：第一是生产新产品；第二是引入先进生产方法、技术或工艺；第三是拓展新的市场；第四是获取一种新的供应来源；第五是采用创新的公司组织或管理方式。不同领域间技术创新的传播促进了技术合并，其结果是形成了具有共同技术基础的跨领域产业。这种技术融合打破了各行业之间的划分，最终催生了产业融合。

20世纪90年代之前，计算机、消费电子产品和通信设备的技术发展在各自的行业内发展，无法实现跨行业的产业融合。电话系统采用机电交换系统，要实现网络规模的扩大，需要耗费大量的智力资源。所增加的信息处理能力与所花费的资金和劳动力不相对应。如果要在电话系统中引入竞争，又让所有用户能够彼此通话，只有两条途径：一是复制需求，让用户租用两条电话线和两部以上电话机，但会增加用户负担；二是复制供给但还需要增建干线网络。从20世纪90年代中期开始，信息技术发展迅速。IPV4、网络存储、移动传输技术的出现和使用都极大地推动了相关产业的发展。尤其是互联网的出现将整个世界纳入数字化的框架中，为多种媒介和多种产业提供了共赢的增值空间，更是促使相关产业不断趋于融合。正是这种信息技术的发展及融合，才导致互联网产业、电信产业和传媒产业走向融合。因此，可以说，信息技术创新和融合是导致传媒产业融合发展的主导性因素。现在将从技术层面分析创新的信息技术是如何发挥其作用的。

（一）信息资源的数字化融合

文字、音频、视像等都属于信息资源的不同表达形式。在非数字化的情况下，这些不同形式的信息资源是不统一的。但是通过信息资源的数字化，各种信息资源可转化为统一的"比特"，即通过"0"和"1"的数字信息方式，将文字、音频、视像等形式转化为数字流，从而达到不同形式的融合。而且，生产者可根据市场的不同需求，随意地进行组合和修改，同样型号也可以变化为不同的传输形式，适用于不同的传输终端。正如学者尼古拉·尼葛洛庞帝所认为的一样，未来的信息传播者将根本不知道究竟会以什么形式来传播信息，是图像、是声音还是印刷品，这种决定权完全在信息接收者的手中[①]。

（二）信息实现手段的统一

传媒产业、电信业和互联网业如果提供的信息服务不通过统一的实现技术手段，就难以使媒介之间的互换性和互联性得到加强。随着数字化技术和信息技术的发展，原先各自不同的信息实现手段开始趋于统一。

传统的半导体技术已被微处理器技术所取代，成为网络计算机系统的主要技术。随着技术的发展，一种崭新的网络计算机系统正在逐步替代传统的巨型计算机系统。这种趋势得益于微处理器技术和网络技术的不断提升和发展。随着越来越多的公共技术标准的普及，一些专属技术标准逐渐退出历史舞台，这推动了信息和软件的轻量化趋势。在软件技术界，使用标准化和集成化的组件来开发软件已日益成为主流，这种方法逐渐替代了传统的烦琐的手工操作。随着软件程序模块化程度的提高，软件的可变性和可移植性也越来越高，这推动了综合软件应用的出现，同时也显著扩展了它们的应用范围。

（三）信息传输平台的数字化融合

在数字化技术之前，信息传输平台具有多元性和专用性。如果信息传输在各自专用平台上运作，那么就不会出现传媒产业互联网和电信业的融合现象。然而，数字化技术和 IP 技术的发展为其融合提供了基本条件，促使三大产业由专用性

---

① 郑腾川.《数字化生存》导读[M].长沙：湖南科学技术出版社，2007.

平台转向通用性平台。这个通用性平台指的就是以IP技术为基础的互联网IP技术，以一种共同的地址界定和开放而非独家专用的标准，不仅将计算机连在一起，并可采用分散式结构处理多媒体，而且使不同网络之间只需增加网络智能即可相连通，不像以往独立的各种网络联网时需要进行复杂的信息交换。由于互联网具有双向通信特点，因此它作为一个开放的通道，可以在互动的基础上传输任何数字形式的素材。通过互联网可以绕过电信网实现语音通信，可以绕过有线或者无线收听、收看广播电视，还可以避开有形的传统发行网络，实现网上订阅和销售。

根据近年的实践经验，我们可以得出以下结论：传媒产业、电信业和互联网业的融合过程可以划分为两个层次，第一个层次是将广播电视和固定网络整合在一起，第二个层次是将广播电视和移动互联网进行整合。自2007年智能手机和应用商店诞生之后，运营商便开始重视3G、4G业务的开发。这一举措在很大程度上促进了移动互联网的快速发展。随着各种媒体特征的融合和传输平台的不断融合，社交媒体从最初的手机电视、手机报逐渐演化，如今已成为移动互联网领域中不可或缺的重要组成部分。

（四）信息接收终端的融合

随着信息资源和信息传输平台的数字化融合，之前各不相同、互不相通的传媒产业、电信业和互联网业三大行业信息接收终端不可避免地走向了融合。也就是我们通常所说的"3C融合"。"3C融合"有两种方向：一种是通过数字化改造过去的产品，使其具有多种功能，比如智能手机，既可以打电话，也可以用来上网；另一种方向是创造新产品或提供新服务，比如IPTV（互联网协议电视），它是一种可以在IP网络上传输视频、文本等，并提供QOS/QOE、安全性、交互性、可靠性和可管理的多媒体业务。

就现在而言，接收终端主要可分为三种类别。第一种是以桌面计算机作为主要设备，同时搭配打印机、数码相机、数码刻录机等其他多媒体设备。第二种是家庭娱乐终端，其以电视为主要设备，配合音响、DVD和游戏机等其他辅助设备。在2013年9月，爱奇艺与TCL合作推出了一款名为"TV+"的互联网电视，这一行动引发了普遍关注。小米科技随后推出了一款小米智能电视。目前为止，生产电视的公司如创维、康佳，以及爱奇艺等互联网企业和电脑制造商，正在向智能网络电视领域进军。他们希望利用互联网思维和方法改善传统家用电器。第三种是以移动终端为主，其中主要包括笔记本电脑和手机。在4G、5G时代，移动设备将提供个性化的应用程序，这些应用程序将与内容相关并实现用户之间的互动。它将从事信息、娱乐、生活方式和个人信息管理等方面的业务。移动设备在移动状态下具有很高的搜索需求，因为它们非常适合在移动时搜索相关信息。同时，移动将实现与桌面的优势互补，激发移动和互联网的互补效应。

二、竞合关系下的传媒企业追逐效益是其内在因素

竞合关系是指企业之间在双赢基础上建立的"在竞争中合作、在合作中竞争"的关系。在合作竞争理念的指引下，企业之间逐渐突破彼此分立的限制，寻求交叉产品、交叉平台以及收益共享的交叉部门。随着数字技术和信息技术的发展，媒介形态也发生了翻天覆地的变化，新媒体层出不穷，对传统媒体造成了巨大的冲击。2022年7月，清华大学新闻与传播学院、社会科学文献出版社、央视市场研究（CTR）、广视索福瑞媒介（CSM）、中国新闻史学会传媒经济与管理研究委员会在北京联合发布了《传媒蓝皮书：中国传媒产业发展报告（2022）》，报告指出中国传媒产业内外部环境发生深刻变化，在元宇宙这一虚拟数字生态中，媒体积极布局新赛道，传媒生态系统将迎来新一轮的变革。《传媒蓝皮书：中国传媒产业发展报告（2022）》主编崔保国教授指出，传媒既是一种政治经济现象，又是一种技术创新现象，更是一种全球现象。传媒产业是指在产业链、供应链、价值链上相关联的传媒企业集群。中国的传媒产业从大的方面来说可以分为两大体系：一是内嵌于社会体制的主流媒体体系；二是市场化运行的网络数字媒体体系。这两大体系各自运行又相互交融，都具有产业属性，都参与市场竞争。

虽然新媒体发展占有渠道的绝对优势，发展势头迅猛，传统媒体日渐式微，但是传统媒体依然拥有新媒体不具备的绝对话语权，那就是内容生产。目前，绝大多数新媒体没有采访权，缺乏内容支撑始终是一个无法回避的短板。新媒体的

绝大多数内容仍然来源于传统媒体，通过照搬或者简单加工后演变成自己的新闻信息。从新闻权威性和准确性出发，消费者仍然相信传统媒体。另外，新媒体的盈利模式还需要进一步探讨。

新兴媒体和传统媒体在竞争压力的驱使下，只有开展竞争合作，利用彼此的优势，实现市场的共赢。传统媒体受让优质内容，新媒体提供丰富渠道，二者合理利用彼此优势资源，在合作中竞争，在竞争中合作，相互融合，追求规模经济和范围经济，才能实现其盈利最大化。

三、资产通用性是其促进因素

（一）资产通用性相关产业融合

新制度经济学代表人物威廉姆森在继承和发展科斯交易成本理论的基础上提出了资产专用性概念。他认为资产专用性是指在不牺牲生产价值的条件下，资产可用于不同用途和由不同使用者利用的程度。资产专用性是为支撑某种交易而进行的耐久性投资，一旦形成，就会锁定在一种特定形态上，若再用于别的方面，其价值就会贬值[1]。根据新制度经济学派的分析可知，资产专用性程度表现为资产的流动性和转换能力，流动性和转换能力越差，其专用性越强，流动性和转换能力越强，其专用性越差。资产专用性的主要特征是导致沉没成本或准租金。

威廉姆森曾将资产专用性视为市场结构状态的另外一种表述，即在完全竞争市场状态下，资产的专用性会很弱，也就是说资产具有通用性。我国学者刘静、杜跃平提出，与资产专用性对应的概念是资产通用性，当一项资产可以在不发生明显贬值的情况下实现重新配置，可称为通用性资产[2]。资产通用性最显著的特征是资产通用性越强，产业融合程度就越高。因为通用性强的资产可以被运用到多个产业之中，那么，这些产业就可以共用相同的技术基础，产业固化边界就会消退，从而能够更好地促进产业的融合。近几十年来，在信息技术的推动下，企业

---

[1] 奥利弗·E.威廉姆森.资本主义经济制度[M].段毅才，王伟，译.北京：商务印书馆，2011.
[2] 刘京，杜跃平.技术创新中资产专用性造成的转换成本问题研究[J].科技进步与对策，2005（8）.

的资产体系正呈现出两个特征：一是知识资产即柔性资产在总资产结构中的比例越来越高；二是资产越来越具有通用性、互换性和标准性，即资产呈现模块化。这两种特征使资产通用性得到极大提高，有力地促进了产业融合。

（二）资产通用性促进了传媒产业融合发展

信息技术和互联网技术的创新和扩散，形成了信息形式的数字化融合和信息传输平台的数字化融合。仅从技术层面而言，在一个统一的传媒集团下同时生产、销售多个传媒产品，会降低生产成本，提高经济效益。以 IP 技术为基础的互联网作为一个开放的通道，可以在互动的基础上传输任何数字形式的素材，以形成一个通用性平台。借助互联网，人们可以进行打电话、看视频和浏览网页等活动。数字化融合和互联网开放平台具有明显的资产的柔性化和模块化特征。众所周知，资产的柔性化和模块化会弱化资产专用性，提高资产通用性，催生新的经济运行模式和产业组织形式为产业融合的拓展提供重要的技术基础和文化基础。那么，数字化融合和互联网开放平台将会有力地促进传媒产业内部和传媒产业与其他产业之间形成融合。

第三章 传媒产业融合的转型与阻碍

本章主要介绍了传媒产业融合的结构变化与转型,包括传媒产业运作基础的转变、传媒产业成本与收益关系的转变、传媒产业市场结构的调整、传媒产业的融合与重构,我国传媒产业融合面临的阻碍。

第一节 传媒产业融合的结构变化与转型

传媒产业的结构变化与转型存在一定的必然性,因为媒介系统与媒介生存形态是在不断发展与变化的。传统的传媒产业模式必然会随着新型的技术手段与传播方式的变动而发生改变,而且值得注意的是往往这种改变并不是单一的,运作基础和成本收益关系以及市场结构都会发生不同程度的变化,正是这些变化的发生使得传媒产业实现融合与重组。

一、传媒产业运作基础的转变

(一)市场权利的转移

生产者占据主导地位、传播模式呈现"多向性"是大众传播时代的现状标志。众所周知,信息技术的发展带来生产力的大幅度提高,这也使得一些相对较为稀缺的媒介资源呈现出富余乃至过剩的状态。在大众传媒时代,消费者或者说传媒受众角色发生显著变化:由单一的"受"方转变为兼有"传"和"受"的主体,这也使得他们拥有了更大的自主选择权,在信息市场中的地位也逐渐上升,逐渐将主动权从生产者的"手"中夺回。传媒产品的消费者在信息化的时代也与一般的消费者群体形成明显的区别,往往我们采用"用户"来称呼信息时代传媒产品的消费者。由于传媒市场的划分依据变为了用户的需求,因此用户需求也成为推动各种类型市场形成的主要力量。

(二)用户结构的分化

传媒受众的显著特点是"匿名性""规模性",也正因如此,在大众传媒时代,传媒用户不再是一个清晰化的概念。对于媒介用户而言,传媒资源与媒介信息的多样化不仅仅给他们带来了便利——可以有多样化与丰富性的选择,同时这种便利也在一定程度上是一种障碍、困境,因为媒介用户不得不在众多选择中进行遴选,从而选择最适合自己的资源与信息。不同媒介用户的消费准则与消费预期呈现多样化，而产生这种多样性的原因在于媒介用户呈现出不同的消费能力与消费偏好。

传媒用户的不同群体，大致可以分为四类：家庭、企业、政府及其他非营利性组织、个人。这些群体相应的都有自己的市场类型。不同类型的用户群体对媒介产品的需求与使用目的存在差异。与影音和娱乐相关的媒介产品的主要受众群体是个人与家庭，而对于企业来说，由于存在视频会议的需求，交互视频技术往往得到他们的青睐。产品本身的生产层次与设计水平将不再是其竞争优势的全部来源，传媒渠道的有效拓展也在一定的程度上影响着产品在竞争中的脱颖而出，也正因如此，在未来市场中的竞争模式不再局限在媒介形态单一的领域。

（三）产品构成的转变

媒介内容与信息通常是与媒介形态相对应的，这种对应是单一的对应。但人们选择需要的媒介内容之后，相应的媒介形态也就得到确定。由于信息技术的发展，媒介内容与媒介形态之间的对应关系也发生了变化，由原来的单一对应性变为了"通用性"。通常来说，买报纸、看电视这些消费行为也暗示着媒介信息与媒介形态之间的单一对应关系，由于媒介格式得到统一，因此同一内容可以通过不同的媒介形式呈现，实现媒介的内容、渠道和终端由分离走向统一。如报纸上的信息既可以在报纸上出现也可在手机终端上呈现。媒介内容与媒介形态之间的单一对应关系在媒介融合的促进下实现消解。信息时代的传媒产品类型主要分为两类：信息产品和应用服务。所谓信息产品，就是指以某个主题为中心的各类文本、图像、声音信息，同时这些部分的结合体也属于信息产品的范畴。可以说信息产品是传统的传媒产品的发展。所谓应用服务，是指新的传媒产品，这类产品是以信息技术作为基础手段，例如网络、咨询服务、传输服务等。软件系统的市场价值可以通过应用服务的多样化开发得到实现，而且应用服务的开发也和信息产品的价值提高有着密切关系。信息产品的生产水平与能力的比较不再是未来传媒产业竞争的主要领域，应用服务的质量与水平之间的竞争将在未来传媒产业的角逐中扮演至关重要的角色。

（四）竞争规则的变化

在信息传播时代，传媒行业需要投入大量资金才能运作，而且资产具有高度专业性,难以轻易转换,这导致了高昂的沉淀成本。总体来看,可以得出结论:规模经济效应导致传媒行业明显呈现自然垄断的趋势。随着数字技术的进步,传媒生产所需的技术和金钱门槛有了明显的下降,这样一来,普通人可以更轻易地获取传媒资源和信息产品,而这些资源和产品的封闭性也随之减小了。随着选择范围的扩大,媒介与用户之间的联系变得不够紧密,这导致价格歧视策略难以实现。传媒市场也因此吸引了更多的竞争者和机会。即使传媒企业或集团垄断市场,也不会轻易提高产品和服务的价格,以防有竞争者进入市场。这表明,在信息传播时代的兴起过程中,传媒产业无法再利用垄断来获取高额利润,这样的机会大大减少了。

二、传媒产业成本与收益关系的转变

成本与收益在传统的经济学中是主要的讨论因素。要素禀赋、技术偏好在市场结构中居于主要地位。

传媒产品是传媒活动的物质产物,它承载着传媒信息与传媒价值。在媒介产品市场与广告市场中,传媒产品的市场价值得到实现。而在不同的市场中传媒产品的市场价值也呈现出差异性,往往在广告市场中这一价值可以得到更大的实现。大众报业的时代发生在1833年——《纽约太阳报》开启低价零售。传媒产业中的公司往往采用内容吸引用户,凭借用户的群体吸引广告商的方式,对于大众传媒来说,内容产品的售卖不是最为重要的资源补偿方式。传统的产品经营方式与盈利手段在信息时代受到较大冲击。

网络对传统的传媒产业产生巨大冲击,而这种冲击的主要"力量"在于网络传播的"免费"化。在传统的经济或者传统的传媒产业中,往往采用赠品(免费)的形式促进销售,而现如今,"免费"已经成为一种主要的传媒模式。传统的报纸和电视媒体中的内容可以通过数字技术手段实现广泛传播,同时在网络技术的应用下,这些内容可以实现无线复制,而这种无线复制并不需要成本。通过传统传媒手段传播的产品因为数字技术与网络技术的发展而出现价值流失。网络技术对于传媒受众而言,其内容不仅更为广泛多样,同时与传统的传媒手段相比,传媒受众所获取信息的代价是无比低廉的。媒介内容的稀缺性也因为网络技术所导致海量信息的出现而得到消解,传媒产业的产品价值也在不断降低。传媒市场的主要利润也从传统市场中流失,转而集中在互联网的新媒体市场。

传统的传媒行业面对互联网媒体的冲击,力图通过提高产品的质量来实现在竞争中的显著优势,但是这存在一个明显的矛盾,因为凭借品质的提升以争夺市场份额,必然会带来生产成本的提高。并且网络平台内容的重要来源恰恰在于传统的媒体,也就是说传统媒体与网络竞争的主要焦点不在内容的创造上,传统媒体的产品内容越高,那么相应的网络平台所具有的产品信息资源就越优质。传统媒体通过以内容"制胜"的主要困难点在于成本的巨大差异,一方面是网络的"趋零成本",另一方面是传统媒体巨大的成本提高。

尽管传统媒体一直是主要的传媒产品制造者,但其产品的价值却败给了新媒体,导致市场收益下降。此外,由于网络等新媒体在相当长的时间内还无法形成足够的内容生产能力,传统媒体难以实现相应的资源补偿。长远来看,一些问题比较突出:传媒产品再生产所需的资金来源是什么?什么是激励因素?传媒产业如何创造附加值?随着信息技术和产业融合的趋势加剧,传媒产业不得不探索新的营销策略和商业模式以增加收益。

三、传媒产业市场结构的调整

传媒产业结构随着信息化进程与传媒企业技术的发展而不断变化。市场结构是指市场各主体之间,包括卖方之间、买方之间、卖方和买方之间,以及卖方、买方和潜在卖方、买方之间的力量对比关系及其达到某种均衡状态的特征,反映的是市场中竞争与垄断的关系。[1] 有许多因素影响着市场结构,比如市场差别化、市场需求、政府介入程度以及市场需求的价格弹性等。这些因素都不是孤立存在的,它们相互交织,彼此影响,其中一个因素的改变就会因为这种"连锁关系"的存在,使得其他因素也相应发生变化,从而使整个市场结构发生巨大的变动。[2] 信息技术对于传统传媒行业的影响是巨大的,这种影响不仅仅是影响其中单一某

---

[1] 史忠良. 产业经济学 [M]. 北京:经济管理出版社,1998.
[2] 杨建文. 产业经济学 [M]. 上海:上海社会科学院出版社,2008.

个因素，而是几乎引起市场所有因素发生变化，也正因如此，整个传媒市场结构的变化更为迅速。这些变化的方面主要有三个：

（一）行业化

在传媒领域，行业的进入障碍主要包括三方面——政策、资金和规模。进入媒体市场并取得成功，刊号和频道是关键的前提条件，而政府对媒体资源也实行严格管制。尽管美国政府针对美国市场的管制比较宽松，但《电信法》仍然规定同一企业在一个地区市场所持有的电视频道和广播频道数量应受到限制。在大众媒介时代，媒介的生存关键在于吸引越来越多的受众，因为受众规模直接影响媒介的市场价值。这意味着只有当新进公司的发行或覆盖范围达到一定规模时，才有可能获得广告收入并维持其存在。资本的多寡直接影响了企业扩大受众群体的能力。以我国北京报业市场为例，1998年7月，《北京晨报》以1500万元的启动资金投入运营并开始出版。2001年《京华时报》和《经济观察报》的创刊资金就达到了5000万元和8500万元。《广州日报》每天需要在2小时内印刷100万份报纸，因此投资了高达10亿元的印刷设备来保障生产效率。由于网络空间相对自由且内容丰富，网络媒体运营的门槛大幅降低。人们几乎不需要花费一分钱，就可以在网络上注册并拥有自己的博客空间。只要花费数百元购买独立的网站域名，就能自由地创建自己的网站，并且随着访问量的增加，网站也会逐渐具备商业价值。

（二）卖方结构变化

在大众传媒时代，传媒市场的供应方主要由掌控电视、广播、报纸和杂志的内容制作与分发的传媒公司或集团组成。传媒企业的内容生产专业性被网络和信息技术逐渐削弱。随着行业门槛的下降，传媒市场的内容供应变得更加丰富多样，导致传媒公司在传媒产品的制作、复制、发行和销售方面的影响力逐渐降低。虽然个人网络用户不能成为信息的主要提供者，但是一些网络平台，例如新浪、Facebook、百度等，可以整合众多受欢迎的信息和原创内容，并借助技术手段进行编辑和组合，从而进一步加工和生产这些内容。这些平台已经汇聚各种媒体的内容产品，展现出广阔的市场前景，对市场的形态产生重要影响。此外，随着媒体产品结构的变化，服务提供商在市场中扮演着更加显著和关键的角色。他们不仅仅提供各种媒介应用服务，还试图将服务和各种形式的信息集成，从而提高信息产品的附加价值。

（三）竞争关系变化

随着行业进入门槛的提高以及销售方结构的演变，传媒市场的竞争关系必然发生变化。过去，竞争的焦点通常在于地方市场或与自身同类型的媒体之间。现阶段，传媒界的竞争形势已经演化为三个层面，即内容、渠道和终端的竞争，同时，也存在着产业链上下游企业之间为获取产业控制力而进行的竞争。数字化技术分化了内容生产和媒介传播两个领域，并促使专业化的内容生产企业涌现出来。这些企业以较低的成本生产广泛的内容可以轻松地跨越多个媒体平台。随着"三网合一"趋势的加速，传统媒体对各自媒介产品传输渠道的控制力正在迅速削弱。随着传输网络结构的更新换代，数字传输渠道的主导地位不再掌握在报业手中，同时电信企业与广电行业的竞争也日益激烈。随着终端平台的多种化和综合化趋势，许多主流 PC 厂商，例如英特尔、苹果、惠普和戴尔等，已经开始涉足媒介终端市场，竞争日趋激烈。

四、传媒产业的融合与重构

（一）基于"互补"的传媒产业融合

除了描述媒体的发展变化，"融合"的概念也可以揭示传媒系统变革的趋势，启示我们采用新的思维和角度来探究传媒产业未来的发展方向。尽管融合对于媒体及传媒行业来说是不可或缺的，但实现融合并非易如反掌，这需要一个相对长期的过程。

一方面，各自独立运作的不同媒介行业是走向融合的传媒产业的基础。对于新闻出版和广播电视行业而言，数字化转型和行业融合势必需要进行硬件现代化、员工培训、组织调整、管理创新和产权改善等多个方面的工作。这个系列活动不但需要大量的经济支出,同时也需要一个转型期和过渡期。另一方面,随着时代的变化,传统媒体不断受到限制和影响。传媒产业市场正在迅速实现融合。随着网络等新兴媒体的兴起,消费者对信息的需求和行为方式都发生了快速变化,市场的形态和力量也在不断调整。

在这种情况下,传媒产业最先出现的是基于功能互补的整合,这种整合更容易实现。这种整合包括新旧媒介类型之间的相互补充,同时也包括传统媒介之间的整合。

一是将传媒产业融合,以实现不同媒介之间的优势互补。媒体资源和传播方式已经经历了从纸质媒体到电波媒体再到数字媒体的转变。媒介与受众之间的互动从过去的"传递信息—接受信息"的单向模式,转变为现在的"训示—咨询—对话—登录"的双向交流模式,这是一个重大的转变。传统媒体的报纸、电视和网络的互相融合,可以改善信息容量不足和单向传播的一些问题。同时,这也可以让内容更广泛地接触有相应信息需求的受众,以更好地适应和满足新的市场需求。

二是促进传媒产业融合,发挥各种不同媒介的生产能力互补效应。我们认识到,随着数字时代媒体的发展,不同种类的媒体内容生产所需的技术和规律存在着巨大的差异。尽管数字时代的内容制作、传输和展示已经逾越了媒体的物理形态限制,但仍然存在特定类型的区别。纸媒编辑需要遵守平面视觉设计的原则,而视频编辑则需要融合视听规律的原则。在传统媒介时代,各种媒体都拥有丰富的内容生产经验,但很难在短时间内相互学习和吸取不同类型的经验。由于传统媒体在制作高质量、专业化内容方面享有较高声誉和权威性,因此新媒体在这方面往往需要依托传统媒体。传媒产业内的互相融合是必然选择,因为通过这种方式可以充分展现不同媒介的特点,并实现其价值的增值。

三是传媒产业将以实现资源互补为目标进行整合。资源的范围非常广泛,包括各种各样的东西,如市场机会、自然界的物质和能源、高科技手段以及人才等等。不同的媒介和企业发展都需要获得资源。传媒的发展并非在新旧媒介之间的相互替换,而是新旧媒体不断共生共存与进化。传媒产业的进步不在于用一种传媒行业替代或代替另一种传媒行业，而是通过重新构建传媒产业的结构和市场互动来实现转型和升级。因此，传媒行业的融合不仅限于传统媒体和新媒体资源之间的竞争。新技术环境的出现创造了新的资源领域。在这种情况下，不同类型的传媒业可以相互补充资源并提高价值，从而达到合作共赢的目的。互联网以技术资源为支撑，而报纸则以公信力为优势。两者共同实现"报网融合"，在合作中共享资源实现共同发展。

（二）基于"聚合"的传媒产业重构

传媒业在数字化转型和不断深化融合的基础上，更多地实现了业务上的互相补充。这将推动传媒业实现规律和秩序的新构建，其核心在于价值链的整合。

将"价值链"的理论应用于传媒产业，就可以将基本增值活动划分为五个部分，分别为信息收集、生产、传输、接收、服务。传统媒体与新媒体所具有的优势呈现出一定的差异化，前者的优势在于信息收集与生产，而后者的优势则在信息传输与接收这两个环节上。对于信息服务而言，新旧媒体两者各自具有优势与不足。传媒产业发展的重要前提与基础必然是充分提高各个环节的产出价值的水平，实现价值链的战略环节的增加。为了更好实现传媒产业的发展，新旧传媒实现聚合是必然趋势，这也意味着两者将从互相补充走向更深层次的结合。

在传媒产业中，价值链的结合是一种深层次的融合，这种融合过程的基础是媒介所有权的转移与变化。这一变化可以提升单一媒介的生产活动的价值与效率，并且使得一种媒介形式与其他媒介形式建立联结关系，拓展其产品市场与价值网络体系。在两种媒介实现关联的过程中，整个传媒产业也实现了进一步的重新构建。

首先是生产过程的改造与完善。在传媒产业的内部，在更为丰富的资本注入以及更为先进的技术支持下，不同传媒形式所具有的最大创造力的环节实现了优势的扩大化，也正因为这些单独的传媒形式，行业的价值优势得到提升，进而影响到整个传媒产业，使整个产业的价值创造水平与生产能力得到显著的提升。

其次是产品的改进。在价值链的聚合过程中,产品的种类趋于多元化。传媒产业的研发、生产能力进一步提高,生产资源也实现更优化的配置,产品的质量大幅度提高。

最后是产业的重构。不同媒介行业的市场与业务界限由于价值链的聚合实现了一定程度的消解,传媒产业的资源也因为所有权的转移而得到优化配置,传媒产业根本性的转变使得整个产业先实现了彻底的瓦解紧接着又进行了重新构建。

第二节 我国传媒产业融合面临的阻碍

随着改革开放进程的不断推进，社会环境与经济结构发生了巨大的转变。在中国，传统的传媒行业的运行模式一直是事业单位的路径，而由于改革开放的推进，传媒行业也走向了产业化的发展道路。在整个改变的过程中，传媒行业经历了行业的阵痛与经济困境，实现了从放权让利到增量改革再到集团化整合扩张的转变历程，最终在国民经济体系中成为一个新的增长点。因此，传媒产业在经济中的地位与意义也进一步得到肯定，成为文化产业的核心部分。

中国传媒产业改革的效果可以说是有目共睹的，行业的改革目标与计划也已经基本完成。传媒产业的技术水平与世界范围内发达国家的传媒产业的水平已不存在较大差距，甚至有的领域与世界先进水平已基本持平。我国传媒产业的自主创新能力显著提升，在经济全球化的背景下，我国传媒产业不断参与国际化分工，并且具有显著的市场竞争优势。现如今我国传媒行业的整体发展格局是以传媒集团为主要力量，以市场为主导因素的格局与模式。

值得注意的是，在当今第五次技术革命的浪潮下，我国传媒产业的机遇与挑战并存。如何化解与应对挑战是传媒产业发展的重中之重。新的媒介形式在技术革新的推动下不断萌生，传媒媒介的生存形态也在新技术的推动下进一步变化。技术革新的浪潮无疑对原有传媒产业的生产体系与传输体系产生了巨大的冲击，与此同时传媒产业的市场结构也因外部技术水平的提升发生了显著的变化。产业关联程度的变化以及整个传媒产业结构的重组与构建，不仅对一些传媒主体（生产者与接受者）产生巨大影响，同时对于我国产业政策和组织结构的构建也提出了更为高标准的要求。

在市场经济中，竞争是一种自然而然的现象。它是价值规律在市场上的具体影响。市场竞争成为一个强有力的刺激因素，促使企业不断探索新的生产技术，改进运营方式，以满足时代变革带来的需求，并优化生产组织体系。竞争推动了公司的发展，促进了市场上的优胜劣汰，同时也推动了企业合并、联合和组织结构的优化。传媒业采取的市场策略使得传媒市场竞争成为不可避免的现象。然而,竞争并非总是能够发挥有效和合理的作用。

在1978年至20世纪90年代后期,传媒产品的竞争是这个时期传媒市场发展的显著特征。各个传媒主体不断寻求传媒产品生产水平的提高,从而在与其他传媒主体的竞争中脱颖而出,以获得更多广告资源的注入,提高单位的收入。这个时期传媒主体不断进行一些市场行为,比如扩版、新媒介的开拓等。这些行为具有显著的正向成果,丰富了传媒产品的种类与形式,但是需要指出的是,产品的同质化趋势也不可避免地出现。这是我国传媒行业的改革过程中必须经过的环节。

传媒市场的竞争随着传媒行业的改革而日趋激烈,尤其进入传媒集团化发展时期,这种竞争特点变得更为明显。在2000年通过对成都地区的5家报纸进行调查与统计,这些报纸的版面设计存在趋同化的特点,趋同率最高达到了惊人的90.5%,最低的比率也高达67.4%,通过进行平均计算,这五家报纸版面设计的平均趋同率为76.9%。而在对2001年北京地区报纸的分析中发现,《京华时报》《北京晨报》之间的内容替代率达到1.1,内容差异系数为2.2。[①]

在新媒体时代,越来越多的人推出自己的原创作品,并且随着内容的个性化,个人传播作品的愿望也越来越强烈,而传播这些个人作品的市场需求也呈现增长趋势。传统媒体时代,内容的传播渠道成本较高,需要耗费大量的资金,可传播的内容也相对较少。在新媒体时代,在微博、微信和视频分享等多种渠道的作用下,个人原创内容生产者可以通过制作文字、图像和视频等内容,便捷地将其传递给大众。在新媒体时代,人们需要更高效、更方便的交流方式,微博、微信、手机App、社交网站等媒介形态应运而生,满足了这一需求。即使如此,传统方式,如书信、座机、移动手机等仍然被用来满足人们的交流需求。所有这些渠道都属于交流行业的范畴。

互联网的诞生和发展,极大地促进了信息的涌现和传递。人们一开始对于信息网的海量资讯感到兴奋,但随着时间的推移逐渐产生不适感。现在,人们更加

---

① 孙燕君.报业中国[M].北京:中国三峡出版社,2002.

注重获取信息的方式，而不是信息本身的价值。雅虎的分类检索网站、谷歌和百度的搜索引擎以及下载软件的发展和完善，极大地方便了人们获取信息的途径，加速了信息传递的速度。

渠道产业崛起的原因可以归结为两个方面。第一，新媒体的出现和发展满足了个人向大众传递信息和进行人际交流的需求；第二，随着互联网的不断发展，人们对于获取信息的需求也在不断增加，个性化的传播渠道变得更加必要。

有些媒体为了在新媒体时代迎合市场需求，过分注重推广渠道而忽视内容质量，导致内容缺乏特色，缺乏深度，甚至引起了观众的反感。在媒介价值产业链中，创造内容才是最重要的环节，因此处于中间层的渠道从业者疯狂地竞争获取内容资源。

就短期而言，同质化竞争能够刺激传媒生产能力的提升，从而通过市场机制实现"优胜劣汰"。如果传媒行业不能摆脱分散竞争和同质化竞争，长期停滞不前，就会出现低水平的重复建设，而这将浪费大量重要资源，如人力资本。

"有效竞争"一词起源于"马歇尔困境"，意味着要在追求规模经济效益和促进竞争之间寻求平衡，这两个目标本质上是互相矛盾的，难以同时实现。在总结前人的观点之后，J. M. 克拉克（J.M.Clark）于1940年提出了"可行竞争"（Viable competition）的观点。有效的竞争是指在经济规模和竞争力度之间取得平衡，相互促进，以创造出长期平衡的竞争环境[①]。这种竞争环境有助于推动经济的稳定发展。这个理论指出，在保持有效竞争方面，适度的竞争和适度的垄断都是必要条件。在美国，最大的10家报业集团掌握了日报总发行量的一半。在英国，越来越明显地体现出了集中化的倾向，5个大型集团掌控着全国性报纸的93%。

在传统的行业格局下，各个行业之间的分界相对明确，产品的特征、市场范围等方面通常也比较固定。媒体行业主要的竞争形式包括媒介内部的竞争，以及各传媒集团之间的竞争。这种竞争主要是通过争夺传统传媒市场中的资源，例如受众和广告来体现。随着产业间的融合趋势逐渐壮大，许多过渡环节被逐步剔除，反过来也出现了崭新的产业环节和增值领域。这些变革使得企业、消费者和产业之间的互动模式出现了新的形式，因此竞争规则也需要作出相应的调整。

[①] 史忠良. 产业经济学 [M]. 北京：经济管理出版社，2005.

数字化正在彻底改变传媒产业的竞争规则，使得信息技术和传媒产业处于一个全新的时代。越来越多的现象表明，各个行业之间的交叉和跨越已经变得非常普遍，市场也在不断地扩张。许多曾经的非竞争性合作关系也已经转化为竞争性关系。随着信息技术的不断进步，传输网络的信息承载能力得到显著增强，同时信息传输的渠道也得到更广泛的拓展。现在，信息传输已经从传媒生产环节转变为低成本高效率的商业活动。然而，随着信息传输技术的不断发展，资金需求和技术含量也随之增加。鉴于技术和市场趋势的迅猛变化，传媒行业内部的实力已不足以满足需求，因此需要通过资本运作或与相关产业合作的方式来探索新的发展途径。

随着产业融合的潮流涌现，传媒行业正处于一个更加错综复杂的市场环境，同时也面临着来自多个领域的激烈挑战，比如通信和电子信息等。我国传媒行业在竞争中的"不足之处"是资本和技术。"水桶原理"是管理学领域中的一个概念，也常被称为"短板效应"。它表示由若干块木板组成的水桶的价值取决于它所能盛水的容量。其关键因素不是最长的板子，而是最短的板子。这表明组织中各部门或组成部分之间的水平存在差异，而水平较低的部分通常会对整个组织的绩效产生影响，这可能是所有组织都会面临的普遍问题。

实际上，我国传媒行业相对于其他行业来说并不具备太强的竞争力，反而处于相对劣势的地位。因此，传媒业想要在新的产业格局中成为主导者，可能难以通过兼并、收购等方式实现。传媒业数字化转型和实践面临的重要挑战是资本力量不足。

产业融合的前进动力源于信息技术的发展。在历史上，经济的发展与技术革命总是密不可分的。目前，信息技术在建设产业核心竞争力和重塑产业架构方面具有至关重要的作用。在目前产业发展的背景下，企业的技术创新和应用能力以及信息化水平，是在传媒产业中发挥至关重要作用所必需的要素。因此，传媒行业必须在技术标准、生产工艺、产品设计和经营管理等方面遵循这些行业的规范。另外，在传媒行业中，引进新技术和购买专利还需进一步投入财力。由于缺乏技术创新能力，我国的传媒业无法在以信息技术为核心的产业架构调整中获得领先优势，也难以在新的产业竞争关系和产业链中掌握主导地位，其短板便进一步凸显出来。

第四章　传媒产业融合发展的模式

本章主要介绍了传媒产业融合的两种模式、传媒产业融合与产业关联、中国传媒产业的融合发展路径。

第一节　传媒产业融合的两种模式

产业以融合方式成长，这已经成为产业成长的一种重要趋势。本书将传媒产业融合发展划分为外向融合和内向融合，传媒产业的外向融合是指传媒产业与其相关联产业的融合，传媒产业的内向融合则是指传媒产业内部各子产业间的融合。

一、传媒产业外向融合模式

传媒产业通过产业间相互渗透、交叉和重组等横向产业关联扩张方式，与其相关联产业融合，实现产业创新和拓展。融合发展能使产业部门获取范围经济效应和规模经济效应，从而推动产业发展。传媒产业的外向融合发生在传媒产业与其密切关联产业部门之间，主要包括高技术产业部门、文化产业的子产业部门，以及为传媒产业提供生产原材料的能源产业部门。

高技术产业意味着高成长率和高创新率，代表了产业的发展方向，有极强的产业带动作用，具有渗透性、关联性和倍增性等特点。目前，传媒产业与高技术产业的融合，主要发生在传媒产业与信息产业部门之间，信息产业通过渗透的形式与传媒产业相融合。传媒产业是文化产业的核心部门产业，传媒产业与文化产业内部的其他子产业主要通过重组的方式进行产业融合。传媒产业的关联产业包括造纸和纸制品，印刷品和记录媒介复制品，批发和零售，精炼石油和核燃料加工品，商务服务，道路运输，纺织服装服饰，专用化学产品和炸药、火工焰火产品，电力、热力生产和供应，货币金融和其他金融服务，教育，电信和其他信息传输服务等产业。传媒产业与这些产业通过相互渗透、交叉和重组的方式进行产业融合。

（一）传媒产业的渗透型融合

产业的渗透型融合，是指产业之间采用相同技术，使原本相互独立、不相关联的产业产生竞争关系，形成横向联系。传媒产业的外向融合发展重点发生在传媒产业与高技术产业之间，主要是通过技术融合。以信息技术为代表的高技术产业具有渗透性、关联性特点，使其容易渗透到传统媒体产业部门。正是由于信息技术、数字技术、网络技术的融入，传媒产业得以融合发展，产业的属性被改变，生产效率也得到了极大提高。

例如，传统媒体产业与互联网产业融合产生了电子图书、数字出版、数字电影等新兴产业。传媒产业与其他相关产业，特别是高技术产业的融合不仅能够提高传媒产业的竞争力，提升整体传媒产业在国民经济中的地位，还能开拓传媒市场和领域，推进传媒产业较快发展。

在过去，传媒产业与汽车产业相互独立，鲜有交集，随着数字技术的突破和快速发展，汽车产业对移动数字电视、移动多媒体产生了较大的需求，逐步形成了汽车产业与传媒产业的良性互动。随着中国汽车产业的迅速发展，对移动数字电视、广播的需求急剧增加，规模效应开始显现，对传媒产业的带动作用明显。

传媒产业与其他产业的融合能够影响和改变传媒产业的产品和服务市场竞争及价值创造，从而改变传媒产业原有的产业边界、市场范围和核心能力。传媒产业与其他相关产业的融合进一步催生新的产业，导致新产品和新服务的出现，开拓新的市场，使得新的竞争者进入，促进资源的整合，并塑造了新的市场结构。同时，传媒产业的外向融合给传媒产业带来了巨大的增长效应，传媒产业与其相关产业的融合使得传媒产业的结构演变、传媒产业与其他相关产业的关联效应、传媒产业的组织形态和传媒产业的区域布局都发生了变化。如由于信息技术具有广泛的渗透和扩散特点，传媒产业与信息产业的融合，能够促进传媒产业的数字化进程，促进传媒产业的新技术、新业务、新形态的产生与发展。

（二）传媒产业的重组型融合

产业重组是实现产业融合的重要方式。重组型融合一般发生在某一大类产业部门内部的子产业之间。产业内部相关联的产业通过统合提高竞争力，适应市场新需求，形成新的形态。传媒产业是文化产业的一个主要子产业，文化产业为了进一步发展需要重新整合，通过上下游产业链将造纸和纸制品，印刷品和记录媒介复制品，涂料、油墨、颜料及类似产品，以及文化、办公用的机械、视听设备，广播电视设备和雷达及配套设备，传媒产业，教育，文化艺术，体育，电信和其他信息传输服务，娱乐等产业融合起来，形成新的业态，以适应新的需求，并且提高了生产效率。

传媒产业是文化产业的核心部门，重组融合，调整传媒产业上游产业部门的组合，降低对造纸和纸制品，印刷品和记录媒介复制品，涂料、油墨、颜料及类似产品等环保产业的依赖，提高与电信和其他信息传输服务这一高技术产业的联系，使传媒产业的上游产业链得以重组与整合，融合后的传媒产品和服务具有更鲜明的网络化、数字化和智能化特征。重组融合能够使文化产业内部产生明显的融合经济效应，使包括传媒产业在内的产业价值链发生变化，产业的生产效率和产品替换率提高，收入弹性增加。

一方面，传媒产业在文化产业内部重组融合中，要加强与电信和其他信息传输服务这一高技术产业的融合，从而生产更多的具有网络化、数字化和智能化特征的产品，为传媒产业的下游产业，如教育、娱乐、体育等产业部门提供新的融合型产品和服务，通过供应链将传媒产业的上下游产业联系起来，形成新的纵向一体化发展模式。另一方面，文化产业部门的内部重组融合，能够加强传媒产业与娱乐、体育、教育等产业部门的横向联系，从而促进传媒产业的发展，如视听产业就是整合了传媒产业与娱乐、体育、教育、视听设备、电信和其他信息传输服务、计算机等产业的资源而形成的新的产业形态。这种新产业形态代表传媒产业发展的方向，满足受众媒体产品消费的新需求，开拓新的市场，提升传媒产业的综合竞争实力。

（三）传媒产业的交叉型融合

产业交叉型融合是产业融合的重要途径之一，通过产业间的功能互补以及延伸完成，一般发生在与产业部门有前向、后向关联产业之间。这种产业间的融合会引起产业边界的模糊或消失，在产业交叉的范围内形成新的产业形态。这类融合使得原有产业被赋予新的功能，形成新产业体系的同时又保留了原有产业，改变了原有的产业结构。传媒产业通过与其他高技术产业的融合催生出新的融合型产业，如与计算机、互联网产业融合，产生了全媒体产业，同时，使得新媒体技术与计算机技术和互联网技术在各自的领域中融合升级，形成了多媒体信息技术。

传媒产业与相关产业通过渗透、重组、交叉的方式融合，提高产业的技术水平，采用先进的管理模式，提高产品质量，延伸和重塑产业链，增加产品附加值，从而升级产业结构，提升传媒产业在国民经济中的影响力。高技术产业中的电子信息产业与传统产业的关联性最强，这说明电子信息产业最易向包括传媒产业在内的传统产业渗透，能够通过融合赋予传媒产业新的功能，带动传媒产业的发展。

由此看来，外向融合能够提高传媒产业的创新能力和生产效率，增加新的产业形态，从而扩大产业规模，提高传媒产业的国际竞争力。通过与相关产业进行内容、渠道、技术、数据资源的整合，实现资源共享、业务整合，建立共享经济平台，以实现循环发展，从而构建传媒产业发展良好的外部生态环境。

二、传媒产业内向融合模式

传媒产业是由电视、报纸、期刊、图书、音像、广播、电影、互联网和移动增值等多个子产业组成，传媒产业的内向融合主要发生在传统媒体产业和新媒体产业之间。传媒的核心竞争力是内容，坚持内容的原创性是关键。如何创造丰富的原创性内容产品是传媒产业发展的关键，因此传媒产业内向融合的主要目标是通过优化资源配置，打造高品质的传媒内容产品，提高传媒的创新、创意能力。依托传统媒体产业与新媒体产业的融合发展实践，实现传统媒体产业的升级转型以及新媒体产业的培育与发展。整合传媒产业内部资源，打造资源共享平台，构建良好的内部生态环境。

随着信息技术的不断进步，传媒产业与其他产业融合产生了新的媒介形态，不仅催生了新媒体产业，也产生了新媒体技术。新媒体产业的不断发展壮大已严重威胁到传统媒体产业的生存发展，融合发展是传统媒体产业应对新媒体产业挑战的重要途径。新媒体产业也需要通过融合发展来借助传统媒体产业的优势，从而扩大市场，增强实力。本书将传媒产业内向融合模式划分为内容跨越型融合与规模扩张型融合。

（一）内容跨越型融合

内容跨越型融合是指传媒产业各子产业采用新技术呈现出自己的内容产品，

使其内容产品能够转移到其他媒体上进行传播和表达，并在此基础上实现与其他传媒产业在内容、技术、渠道资源的整合，从而扩展产业的产品、业务和市场。

内容产品跨越型融合是传统媒体产业与新媒体产业融合的主要形式如图4-1-1所示，报纸、图书、杂志、电视、广播、电影、互联网、移动增值，以及其他各种终端的内容产品，运用各种媒介技术进行编码，使之能够在其他媒体上展现。跨越式融合不仅存在于传统媒体与新媒体之间，也存在于传统媒体之间。在媒介发展历程中，每当新媒体出现时，传统媒体大都坚持以内容为本，在面对新媒体挑战时，大多尝试采用新技术来展现内容产品，即同一内容在不同媒体技术条件下的再现。报业使用广播电台发布报纸新闻和广告，广播电台向电视台出售其加工后的节目，互联网时代传统媒体内容产品的数字化，均属内容产品跨媒介跃迁。新兴媒体产业与传统媒体产业融合的基础是内容资源再编码，是按照新兴媒体产业的技术标准开展的。①

```
┌─────────────────────┐
│各种媒体载体的内容：   │  运动媒介技术进行编码
│报纸、图书、杂志、电视、│ ──────────────→  可跨越其他媒体的内容产品
│广播、电影、互联网、   │
│移动互联网，以及其他各种│
│终端的内容产品        │
└─────────────────────┘
```

图 4-1-1　内容跨越型融合

新媒体产业凭借技术优势实现内容生产的规模化，打破了传统媒体产业对内容生产的垄断。报纸与互联网的融合，促进了传统媒体与新媒体产业内容产品的融合，它把报纸的内容信息与互联网的信息融合在一起，目前，大多数报纸都有一个甚至多个相应的报纸网站，有些报纸甚至"弃报从网"。2017年初，《东方早报》和《京华时报》这两家曾经颇具影响力的报纸停刊，再一次引发了业内对传统媒体转型的讨论。《东方早报》团队提前布局互联网业务，在2014年就推出了澎湃新闻网站，为转型发展做好准备。澎湃新闻正是传统媒体与新媒体融合发展的产物，由《东方早报》团队打造运营，二者从一开始就在内容采编上高度融合，

---

① 罗青林.媒体融合背景下传媒企业经营管理模式分析——基于传媒史的视角[J].江西财经大学学报，2016（3）.

2017年《东方早报》正式告别纸质版宣布停刊，将原有的新闻资源转移到澎湃新闻，实现向互联网新媒体的转型。2018年底，澎湃新闻客户端下载量已达1.46亿，移动端日活跃用户超过1000万，已位列国内新闻客户端的第一阵营。凭借优质的原创性内容和深度报道，澎湃新闻已成为我国新闻网站原创新闻内容的重要供应商。澎湃新闻在原创能力、传播能力以及影响力等媒体核心竞争力指标上不输甚至超越了《东方早报》。

报业与互联网产业融合发展是共赢的。对报业而言，能够即时传递信息，提高新闻的时效性，也能够整合网上的新闻线索和信息，丰富传播内容。同时能够增强与受众群体的互动交流，得到更多的反馈信息，从而吸引更多的受众群体。对互联网络来说，能够借助报纸的公信力和影响力来增加自身的可信度，从而吸引更多的受众接受其提供的内容信息。

广播、电视也在积极与互联网产业融合，推出一系列融合内容产品，大多数广播电台制作的节目可以实时在线收听，广播电台也可以根据市场需求，将其制作的广播节目内容进行再加工，以图片、视频和动画等形式传递给听众，将听众转化成网民，使其获取更为丰富的内容信息产品服务。从简单的传统广播节目上网播出，到细分化和专业化的网络广播电台出现，广播与互联网的融合正在稳步推进。

网络电视不仅能够与受众互动交流，也为受众提供了更多的节目内容和频道资源，使受众的选择更为多样。网络电视的受众群体日益扩大，已经成为人们观看电视节目的重要方式。电视与互联网产业的融合极大地丰富了电视内容产品，根据网络提供的大量新闻线索和素材，电视台经过信息整合和加工，将其制作成节目播出。

（二）规模扩张型融合

与内容跨越型融合相比，传媒产业规模扩张型融合较多地依靠政府力量，实行以行政调解为主的资源配置方式。规模扩张型融合最早发生在传统媒体之间，以及地理位置接近的媒体之间，最直接的目的是取得规模经济效应，即通过扩大生产规模实现经济效益。

中国传媒产业的规模扩张型融合主要是依靠集团化发展实现的。通过整合集团内部资源，组建了集团内部的内容采集和生产平台，提供初级内容产品，集团内各媒体部门选取自身所需的初级产品进行深加工和创造，生产出各种形态的终端内容产品。集团化发展使中国传媒产业的组织规模、产品结构、市场范围等发生了较大改变，集团化发展重构了产品生产流程，降低了交易成本。

集团化发展是传媒产业发展的必然趋势，在政府主导下，自1996年起，各大报业集团、出版集团、广电集团在全国各地相继成立规模扩张基础上开展集团化发展，使得传媒产业取得规模经济效应，在一定程度上改变了我国传媒业分散、弱小的面貌，从整体上提升了中国传媒产业的市场竞争力和抗风险能力。

互联网、大数据、云计算等新媒体技术的兴起，让传统媒体产业遭遇了前所未有的调整与冲击。为应对危机，以传统媒体起家的传媒集团采取一系列措施整合集团内部和外部资源，尝试通过数字化转型进行调整。与此同时，跨国传媒集团积极布局中国传媒市场，中国传媒产业的竞争形势和市场格局正在改变。仅靠单一的规模扩张已不能应对危机，中国传媒业集团化发展如何应对严峻的挑战，如何提升核心竞争力是当前中国传媒界亟待研究的重要课题。

第二节 传媒产业融合与产业关联

一、产业关联是产业融合的基础与前提

产业关联,是指在经济活动中产业之间存在的直接或间接经济技术联系,这种联系通过产品的投入和产出来实现,这里的产品既可以是实物形态的产品,也可以是价值形态的产品。

产业间的技术经济联系是产业融合的前提和基础条件。产品和劳务联系是产业间联系的主要纽带,在此基础上还衍生出价格联系、生产技术联系、投资和劳动就业联系等。产业系统中的各个产业通过这些纽带来进行彼此之间的联系和互动,形成一个价值增值的过程。产业融合能在产业间形成更为密切的关联关系,巩固整个产业链系统,建立更为稳定且高效的产业联系,产业融合正是在产业关联基础上发生的,产业融合是产业关联发展的一个产物。通过前文分析可知,传媒产业与高技术产业、文化产业以及传媒产业自身关联紧密。实际上,传媒产业的融合主要发生在这些产业部门之间。

二、传媒产业与其他产业的关联与融合现状

传媒产业的前向关联产业主要包括公共管理和社会组织,房屋建筑,电力、热力生产和供应,钢压延产品,货币金融和其他金融服务,教育,电信和其他信息传输服务,金属制品,土木工程建筑,传媒产业,道路运输,商务服务,房地产,汽车整车,卫生,塑料制品,其他通用设备,电子元器件,有色金属及其合金和铸件等产业。传媒产业的后向关联产业主要有造纸和纸制品,印刷品和记录媒介复制品,专用化学产品和炸药、火工、焰火产品,电力、热力生产和供应,货币金融和其他金融服务,精炼石油和核燃料加工品,商务服务,道路运输,基础化学原料,纺织服装服饰,石油和天然气开采产品,农产品,棉、化纤纺织及印染精加工品,餐饮,煤炭采选产品,航空运输,传媒,塑料制品,房地产等产业。

第四章　传媒产业融合发展的模式

传媒产业与其他产业的融合发展主要发生在与其关联性较强的产业部门中。传媒产业与高技术产业中的电信产业融合，产生了三网融合，即广播电视、出版与电信三个产业之间的融合。传媒产业与以信息产业为代表的高技术产业的融合发展，使得传媒产业与一些本来不相关联的产业产生了横向关联机制，并且这种横向关联使得传媒产业与这些企业之间形成了竞争协同关系，为传媒产业带来了复合经济效应。

文化产业的各产业部门与传媒产业的关联密切，是传媒产业重要的后向关联产业，文化产业内部主要通过重组融合的方式实现传媒产业与其他文化产业部门的融合发展。如造纸和纸制品、印刷品和记录媒介复制品是传媒产业重要的上游产业，这说明造纸和纸制品、印刷品和记录媒介复制品是传媒产业重要的生产原料来源产业。它们作为传媒产业的上游产业，对新闻和出版产业尤为重要，是其产品生产顺利进行的重要保障。一些传媒企业为了扩大规模，降低生产成本会收购或兼并一些造纸厂或印刷厂。我国许多报业集团都设有自己的印刷企业，目的是保证报纸生产的原料来源和稳定的印刷质量。

传媒产业与本身也具有很强的关联性，其需求和供给很大一部分来源于自身，特别是广播、电视、电影和影视录音制作对自身的前向和后向关联性都很强，是自身重要的关联产业。传媒产业是一个由多个子产业构成的产业体系，各子产业之间的经济技术联系密切，新媒体产业消耗了许多传统媒体产业的产品，传统媒体也应用了新媒体产业的技术，并对一些新媒体提供的信息产品进行挖掘和加工，从而生产自己的产品。

第三节　中国传媒产业的融合发展路径

传媒产业与国民经济的大多数产业相关联，但密切关联的产业不多，这说明中国传媒产业对国民经济的发展有一定的推动作用，能够带动上游、下游产业的发展，但传媒产业的影响力有限。传媒产业的上游产业主要集中在高耗能、高污染产业，与高技术产业关联较弱，下游产业链比较窄，涉及的产业部门较少，传媒产业产品和服务的消费市场仍有待扩展。传媒产业作为文化产业中的核心部门，对文化产业其他产业部门的推动和拉动作用不明显，需要进一步加强传媒产业与文化产业等其他产业部门的联系，整合资源，形成合力推动文化产业乃至整个国民经济的发展。

一、促进传媒产业与高技术产业的关联与融合

高技术产业具有高增长率、高技术创新和高研发投入的特点，特别是已经成为主导产业的高技术产业对其他产业具有较强的关联效应，能够带动其他产业的发展。传媒产业通过与高技术产业加强经济与技术联系，能够促进自身的结构优化，提升产业整体的创新能力和影响力，传媒产业依托高技术产业的技术、人才、管理促进自身的发展。

传媒产业自身的关联度较强，供给和需求在很大程度上依赖自身，这种产业特征也决定了传媒产业的发展具有相对的独立性，在发展的过程中容易形成一定的路径依赖。传媒产业的上游产业链主要是一些高耗能、高污染产业。因此，为了促进传媒产业的发展，需要突破自身的路径依赖，同时，在后向关联上加强与高技术产业的关联与合作，将更多的高技术产业纳入自身的上游产业链，既更新升级传媒产品的"载体"，又实现本产业的节能环保。

加强传媒产业与高技术产业的关联与融合，需要在技术、人才和管理上加大投入。产业之间要实现关联和融合发展，需要在技术、人才和管理等方面高度耦合，这样才能够有效加强传媒产业与高技术产业在技术、管理等方面的联系，增加传媒产业对高技术产品和服务的需求，从而使传媒产业逐步摆脱对高耗能、高

污染产业的依赖。同时，需要政府营造关联与融合发展的制度环境，传媒产业与高技术产业是竞争关系，涉及多方利益。从产业化程度上和产业规模上，传媒产业处于相对弱势的地位，需要政府在制定相关政策时考虑到传媒产业的具体情况，平衡各方的利益，使得传媒产业与高技术产业在关联与融合发展过程中取得双赢的局面。与此同时，需要加快传统媒体的产业升级，通过升级其产品的"载体"来加强与高技术产业的经济技术联系，传统媒体产业在数字化进程中会增加对信息产业、计算机产业等高技术产业的产品需求。产业的信息化使得传媒产业提供的产品和服务也随之升级，能够满足更多的市场需求，从而拓展了传统媒体产业的销售市场，并拓宽了传媒产业下游产业链。

二、推动传媒产业与文化产业的关联与融合

传媒产业作为文化产业的核心部门，在文化产业中占据极其重要的位置，但到目前为止，传媒产业对文化产业的发展未能发挥应有的作用。除去教育、电信和其他信息传输服务，传媒产业与其他文化产业部门的前向关联效应不强，完全分配系数都低于138个产业部门均值。传媒产业与文化产业的大多数产业部门的后向关联效应也不强，除了造纸和纸制品、印刷品和记录媒介复制品以及电信和其他信息传输服务3个产业部门外，完全消耗系数均低于138个产业部门均值。

促进传媒产业与文化产业的发展，需要加强传媒产业与文化产业各部门之间的联系，打破文化产业各部门之间的界限，重新整合传媒产业与各文化产业部门的资源。首先，建立文化产业与各产业部门之间的合作平台，统一技术和管理标准，提高传媒产业与其他文化产业部门的合作效率，确保各生产要素能够在文化产业部门之间自由流通。其次，建立以传媒产业为核心的文化产业集群，通过产业集群化发展，使资源得到合理的配置，并降低生产交易成本。最终推动传媒产业与文化产业的共同发展。再次，推动传媒产业与其他文化产业部门向更深、更广的领域协调发展，实现传媒产业与其他文化产业部门的产品融合、业务融合与市场融合。最后，优化产业结构，调整产业布局，提升文化产业的整体实力。文化产业在国民经济的影响力增加，会驱动更多的资源流向文化产业各部门，从而带动传媒产业的发展。

三、兼顾传媒产业的内向融合与外向融合发展

传媒产业的内向融合发生在传媒产业各子产业间，主要是新媒体产业与传统媒体产业之间。传媒产业的内向融合对于调整传媒产业结构，优化产业资源配置十分重要。仅靠内部技术要素远不能满足传媒产业的发展需求，需要从外部获取技术支持。因此传媒产业的外向融合对产业发展的作用不可忽视。传媒产业与以信息产业为代表的高技术产业融合发展，能够提升传媒产业整体的技术水平，升级传媒产品和服务，扩大传媒产业的市场范围，最终促进传媒产业的发展。

协调传媒产业的内向融合与外向融合发展，需要明确二者的分工，分别整合传媒产业的内部资源和外部资源，针对内向融合与外向融合的不同特征制定不同的发展路径。对于外向融合，需要破除传媒产业与其相关联产业间融合发展的要素制约，打破传媒产业与其相关联产业单一的融合模式。在过去，传媒产业的外向融合仅限于技术、资金层面，这将无法适应产业融合的需求。外向融合需要配置鼓励传媒产业与关联产业融合发展的项目，使传媒产业通过项目合作，增加与关联产业的良性互动，从而为传媒产业与关联产业进行更为广泛和深入的融合提供保障。传媒产业的内向融合，需要从提高传媒产业的核心竞争力着手，围绕提升内容创新与技术创新能力进行规划。内容创新和技术创新是传媒产业竞争力评价的重要指标，不仅可以提升传媒产品和服务的品质，也能有效降低传媒产业各子产业间融合的成本。

兼顾传媒产业的内向融合与外向融合发展，需要强有力的组织保障以及财税支持。传媒产业的内、外向融合发展将会出现大量产业之间交叉业务，需要及时完善相关政府管理机构设置和财税支持，否则很难适应融合型业务发展的需求。因此，需要组建一个专门的产业融合机构，协调传媒产业的内向融合与外向融合，整合涉及促进传媒产业融合的各项政策，建立统一的促进传媒产业内外融合发展的政策。对促进融合发展的组织机构给予财税支持，对于传媒产业融合项目中的基础设施建设、人才培养、技术更新、产品生产与流通等方面给予财政补贴、税费减免以及专项资金支持。

第五章　传媒产业与各类产业融合的模式探讨

本章主要探讨传媒产业与各类产业融合的模式，介绍了传媒产业与金融产业融合、传媒产业与地产产业融合、传媒产业与教育产业融合、传媒产业与旅游产业融合、传媒产业与创意产业融合、传媒产业与科技产业融合、传媒产业与文化贸易产业融合、传媒产业与物流产业融合。

第五章　传媒产业与各类产业融合的模式探讨

第一节　传媒产业与金融产业融合

文化产业正在成为国民经济支柱性产业，成为转变经济发展方式的重要突破口，具有巨大的发展潜力和空间。文化产业和金融产业融合发展，可以实现双赢，促进文化大发展大繁荣，提高国家文化软实力。面对新媒体冲击，借力文化金融合作，传统媒体转型发展大有可为。

一、"文化+金融"融合发展方兴未艾

金融是促进经济发展的"血液"，文化产业作为国民经济的重要组成部分，二者高度契合，以市场化的方式推动金融资源在文化产业中优化配置，对于加快文化产业发展具有十分重要的意义。

（一）金融是现代经济的核心

在全球经济日益深度融合的大趋势下，同时在中国不断推进工业化、城镇化、国际化以及信息化进程的背景下，金融的作用越来越重要、影响越来越广泛。

首先，在市场资源分配里面金融担负着重要的职责。现代经济被定义为市场经济，而市场经济从根本上来说是高度依赖货币和信用体系的经济，可以称之为金融经济。金融业能为企业或家庭的生产和消费筹集资金，同时还能将聚集起来的资源在全社会重新进行有效分配，发挥资源配置核心作用。

其次，在宏观经济管理中金融扮演着关键的杠杆作用。它是连接国民经济各个领域的枢纽，国家能够依照宏观经济政策的需要，借助中央银行的货币政策与多样的金融调控手段，灵活地管理货币供应的规模与利率，以便对经济增长速率与结构进行管控。稳增长、调结构、促转型，金融发挥着重要作用。

最后，金融安全是国家经济安全的核心。金融风险客观存在，且具有很强的传染性，容易演变成金融危机并严重危害经济，因此，在注重金融对经济发展促进作用的同时，更要防范金融风险，避免金融危机对经济的负面效应。要维护国家经济安全，必须高度重视金融安全。

（二）文化产业是国民经济新的增长点

文化建设是中国特色社会主义事业总体布局的重要组成部分，是保障人民文化权益的根本要求。为此，党的十七大作出推动文化大发展大繁荣的战略部署。在 2009 年，中国首次发布了《文化产业振兴规划》，这一举措将文化产业提升为国家战略性产业。十七届六中全会进一步强调了"文化命题"，明确了要"推动文化产业跨越式发展，使之成为新的经济增长点、经济结构战略性调整的重要支点、转变经济发展方式的重要着力点"。党的二十大报告当中，明确了中国特色现代文化建设的核心目标为"丰富人民精神世界"，将来五年之内的文化区域的主要目标和中心任务为"人民精神文化生活更加丰富"。这些新思路、新提法都为高质量推动文化产业发展指明了方向。文化产品和服务的生产供给，要坚持以人民为中心的根本原则，利用市场机制，推动包括传统公益性文化事业单位在内的多元文化主体，共同提供丰富多样的文化产品和服务。这既满足了人民美好生活的精神文化需求，激发了文化消费潜能，也能够更加深入地推动文化发展领域以国内大循环为主体、国内国际双循环相互促进的新发展格局构建。

2022 年，全国规模以上文化及相关产业企业实现营业收入 121 805 亿元，比上年增长 0.9%。在 9 个文化行业中，内容创作生产、新闻信息服务、文化投资运营、文化装备生产和文化消费终端生产等 5 个行业营业收入比上年实现增长，增速分别为 3.4%、3.3%、3.2%、2.1% 和 0.3%。

文化新业态发展韧性持续增强。2022 年，文化新业态特征较为明显的 16 个行业小类实现营业收入 43 860 亿元，比上年增长 5.3%，快于全部规模以上文化企业 4.4%。文化新业态行业营业收入占全部规模以上文化企业营业收入的 36.0%。在 16 个行业小类中，13 个行业营业收入比上年增长，增长面达到 81.3%。其中，数字出版、娱乐用智能无人飞行器制造、互联网文化娱乐平台、增值电信文化服务和可穿戴智能文化设备制造等行业实现两位数增长，分别为 30.3%、21.6%、18.6%、16.9% 和 10.2%。[①]

[①] 国家统计局社科文司高级统计师张鹏解读 2022 年全国规模以上文化及相关产业企业营业收入数据 [EB/OL].（2023-1-30）[2023-4-15]. http://www.stats.gov.cn/sj/sjjd/202302/t20230202_1896747.html.

(三)文化金融合作见成效

为促进金融资本与文化产业的有效对接,中国人民银行、财政部、文化部等九部委于2010年出台了《关于金融支持文化产业振兴和发展繁荣的指导意见》,这是中国文化产业发展的一个重大突破,也为中国文化产业的发展提供了更加广阔的空间和舞台。

2021年是我国"十四五"规划的开局之年,党和政府及其相关部门出台了一系列战略性、规划性政策。在文化发展及文化金融相关政策方面,在延续和深化支持文化产业复苏的导向基础上,重点对"十四五"时期发展做了总体规划,为未来五年乃至更长时期的文化金融发展指明了方向。

《"十四五"文化产业发展规划》专门用一章(第八章)对"深化文化与金融合作"提出了较详尽的要求,提出"推动文化与金融合作不断深化,鼓励和引导金融资本、社会资本与文化资源相结合,健全多层次、多渠道、多元化的文化产业投融资体系,切实提高文化企业金融服务的覆盖面、可得性和便利性"。具体内容包括三项:一是完善支持政策体系,重点是创新产品与服务,完善文化企业信用评价体系、融资风险补偿机制与融资担保体系、无形资产评估体系,支持直接融资以及开发保险产品等;二是推动服务机制创新,重点是完善政企银沟通对接机制、推动银行文化金融服务组织创新、建设国家文化与金融合作示范区、完善文化金融中介服务体系、推广文化和旅游金融服务中心模式、推进全国文化和旅游投融资项目库建设等;三是引导扩大有效投资,重点是发挥投资对优化供给结构的关键性作用,优化对重点领域和关键环节的投资,发挥政府投资引导带动作用,用好中央及地方各级投资工具,争取政策性、开发性金融加大对文化产业发展的支持力度,推动文化产业基础设施纳入信托投资基金(investment fund)试点范围等。

2021年,全国新增上市首次募资(IPO)文化企业数量再创历史新高,IPO融资规模也出现大幅增长。根据中国文化金融数据库(CCFD)数据,截至2021年底,我国IPO文化企业数量累计达408家,IPO融资规模累计达4240.82亿元。其中,2021年共新增IPO文化企业43家,较2020年增长13.16%,再创新增IPO文化企业数量历史新高；IPO融资规模新增1201.46亿元，同比增幅达134.96%。快手、哔哩哔哩等文化传播渠道类头部企业成功登陆港股市场并纷纷融资超百亿元，头部企业融资带动效应明显[①]。

二、"传媒+金融"模式探索

传媒业作为文化产业的核心组成部分，在文化大发展大繁荣的背景下积极携手金融业，加快自身转型升级，正成为备受关注的经济新领地。

（一）与银行战略合作

近年来，传媒企业因先天具备独特的传播和网络优势，纷纷与商业银行战略合作。2012年6月，重庆日报报业集团和工商银行重庆市分行签署战略合作协议，后者承诺为重庆日报报业集团提供100亿元授信和全方位的综合金融服务。2013年12月，上海报业集团与浦发银行签署全面战略合作协议，建立战略性伙伴关系，浦发银行将为上海报业集团提供意向性授信100亿元。2015年5月，湖南日报报业集团与交通银行签署合作协议，项目金额15亿元，包括湖南日报传媒中心楼盘授信、联合利国文化产权项目综合授信等。2016年3月，河南日报报业集团与中国建设银行河南省分行正式签署全面战略合作协议。获取巨额授信支持，有利于传媒企业加快拓展文化产业相关领域，打造大型的综合型传媒文化集团。2022年11月4日，南京银行上海分行与分众传媒信息技术股份有限公司签署战略合作协议。根据本次协议，双方将依托各自优势，探索文化传媒与金融的合作发展模式，在品牌推广、业务开拓、客户资源共享等方面实现互惠共赢、共同发展。

（二）借力债券市场

伴随资本市场的不断壮大与成熟，越来越多的传媒企业通过发行短期融资券、中期票据等形式借力债券市场，加快自身转型升级。短期融资券期限1年，募集资金一般不超过5亿元，可用于补充生产经营流动资金等，如：江西日报传媒集

---

① 中国文化金融发展情况和政策建议[EB/OL].（2022-12-27）[2023-4-15]. https://www.163.com/dy/article/HPKHRTFJ0519CS5P.html.

团于2014年1月发行3亿元短期融资券；辽宁日报传媒集团于2014年5月发行1.8亿元短期融资券；华谊兄弟传媒股份有限公司于2015年12月发行3亿元短期融资券；电广传媒于2022年1月发行5亿元短期融资券；等等。中期票据的期限通常在3~5年，募集资金可用于项目建设等，如：河南日报报业集团于2014年2月发行3亿元中期票据；吉视传媒于2013年8月、2014年7月分别发行5亿元5年期的中期票据；华数数字电视传媒2019年发行3.5亿元中期票据；中文传媒2019年3月发行5亿元中期票据。短期融资券、中期票据有别于银行贷款，其利率低、审批快、成本稳定、准备周期短，是传媒企业丰富债务融资手段、降低融资风险的有力补充。

（三）运作文化产业基金

近年来，一些传媒企业通过运作文化产业基金，争当文化产业的战略投资者，分享文化产业大发展的成果。如上海报业集团联合国家级母基金元禾母基金及管理团队华映资本，共同发起成立"八二五新媒体产业基金"，一期规模12亿元；河南日报报业集团于2015年着力打造基金管理平台，目前管理有大河景泰资产管理中心、上海豫申基金、大河豫京基金、上海豫鸿基金等数只基金，同时还出资1亿元，联合河南省文投共同发起设立河南中原文化股权投资基金（有限合伙），首期认缴出资额3亿元，投资方向是文化产业；湖北省广播电视信息网络股份有限公司于2015年上半年成立星燎投资有限责任公司，拟发起设立文化产业并购基金，聚焦有线电视网络、文化传媒产业以及新媒体产业链上下游标的，加速布局电视互联网、移动互联网、家庭物联网、云计算和智能终端等产业；2022年5月，长江传媒发布公告，公司全资子公司武汉德锦投资有限公司（简称"德锦投资"）拟与中南传媒集团股份有限公司（简称"中南传媒"）全资子公司湖南泊富基金管理有限公司（简称"泊富基金"）共同设立合作基金，基金规模2.02亿元，基金重点投资于文化科技、文化消费、文化创意、文化教育及企业数字服务等细分领域领先的企业。

2021年，全国6.5万家规模以上文化及相关产业企业实现营业收入119 064亿元，按可比口径计算，比上年增长16.0%，两年平均增长8.9%。2022年一季度，全国6.8万家规模以上文化及相关产业企业实现营业收入26 973亿元，按可比口径计算，比上年同期增长5.0%。

2021年，中国文化产业投资基金总计投出38个项目，总投资金额为12.4亿元，而文娱传媒项目占比为50%，投资金额占比达46%，文娱传媒的轻资产运营模式和较快的变现速度获得文化产业基金青睐。近年来我国多地政府及相关机构也纷纷成立文化产业投资基金，旨在推动当地文化产业的发展，并且取得一定的成绩。2020年11月18日，中国文化产业投资母基金在北京正式成立。基金由中宣部和财政部共同发起设立，目标规模500亿元，首期已募集资金317亿元。2021年9月26日，央视融媒体产业投资基金在上海正式成立，这是我国首个以媒体融合为主题的国家级产业投资基金[①]。

（四）积极培育上市

截至2021年底，沪深两市共有147家传媒上市公司。2010年起传媒公司开启奔涌上市新局面，上市热潮持续到2017年。2018年IPO审核持续收紧，资本市场冷却，此后资本入局逐渐回归理性。2021年新增6家公司登陆A股市场，其中新闻出版类占5家，营销传媒类1家：读客文化于2021年7月19日在深交所上市；7月23日，浙版传媒于上交所敲钟；"黑龙江文化产业第一股"龙版传媒于8月24日登陆上交所主板；8月30日，果麦文化于深交所挂牌；12月24日，内蒙古新华发行集团登陆上交所主板。川网传媒主营互联网营销，2021年互联网营销收入达1.17亿元，占比61.79%，于5月11日在深交所上市。

在A股市场，有100家以上的上市公司将文化传媒作为主要业务方向。其中，国有企业约占35.3%，为50多家。这些企业多为广电、出版发行等。广电行业的国有企业的占比为100%。而在出版行业当中，大多数的公司出版发行多为不同省份的关于教材类内容，它们在省内获得了政府的特许经营授权，所以，国有企业在这个行业的占有率高达94.4%[②]。

[①] 2021年全国规模以上文化及相关产业企业营业收入增长16.0%，两年平均增长8.9% [EB/OL].（2022-1-30）[2023-4-15]. http://www.stats.gov.cn/sj/zxfb/202302/t20230203_1901364.html.

[②] 武汉大学：141家传媒上市公司2021年经营数据报告 [EB/OL].（2022-7-14）[2023-4-15]. https://www.163.com/dy/article/HC94CQBD0519CS5P.html.

资产证券化与媒体融合不断深入，混改增强企业活力。深化国企改革两条主线：在业务与资产层面，推动资产证券化持续深入以上市公司为平台进行业务与资产重组，并利用资本市场资源培育新业务、新业态，实现企业成长；在股权结构层面，通过混合所有制改革，推动国有传媒企业所有制多元化，最终目标是建立现代企业制度，优化管理关系、创新管理机制、激发员工活力、实现国有企业的持续发展。

随着资产证券化和媒体融合的发展，文化国企改革呈现出两个主要方向：首先，在业务和资产上，把资产证券化继续推动与深化，借助上市公司平台，对业务和资产进行整合重组，同时利用资本市场的资源来培育新的业务与业态，以实现企业的持续增长；其次，在股权结构层面，通过混合所有制改革，促进国有传媒企业的所有制多元化。最终的目标是建立现代化的企业制度，改善管理体系，创新管理机制，激发员工的激情和创造力，从而实现国有企业的可持续发展。文化国企改革将持续深入，关注中央及地方媒体。

（五）战略并购实现跨越式发展

近年来，传媒上市公司纷纷借力资本市场，战略并购优质资产，加快转型升级，已成为"传媒+金融"发展模式的新亮点。网络游戏、户外媒体等成为资产并购的主战场。

1. 进军网络游戏

博瑞传播继2009年斥资4.5亿元成功收购本土网游企业——成都梦工厂100%股权后，又于2012年通过定向增发募集资金10.6亿元，收购北京漫游谷公司的70%股权。2013年，两块业务收入1.95亿元，净利润1.1亿元，约占博瑞传播净利润的1/3。又如，浙报传媒通过自筹资金7亿元和定向增发募集25亿元，累计32亿元，收购杭州边锋和上海浩方两家网游公司100%股权，打造互动娱乐社区平台[1]。2015年8月，浙报传媒再度筹划非公开发行股票事宜，拟向不超过10名特定对象非公开发行股票，募集资金拟用于公司媒体大数据、云计算平台等项目建设。再如，中文传媒2015年初以26.6亿元成功收购游戏公司——北京智

---

[1] 浙报传媒收购边锋浩方：最终定价32亿元 [EB/OL].(2012-5-10)[2023-4-15]. https://www.idcs.cn/a/v782.

明星通科技有限公司100%的股权（其中现金支付38%，股份支付62%），智明星通2011年至2019年，净利润分别为4.83亿元、5.07亿元、6.37亿元、8.09亿元、10.58亿元、12.95亿元、14.52亿元、16.19亿元、17.25亿元，同比增长37%、4.88%、25.78%、26.99%、30.75%、22.44%、12.13%、11.53%、6.57%[①]。

2. 并购户外媒体

2019年，MAGNA和RAPPORT联合发布全球户外媒体研究报告显示，户外媒体是实现持续广告收入增长的唯一传统媒体类别。全球户外媒体广告收入在过去九年（2010年至2018年）的每一年都实现了增长，平均每年增长4.1%，2018年达到310亿美元。与此同时，传统非数字媒体（电视、平面、电台、户外媒体）总体广告收入却停滞不前（同期增长0.4%，过去四年下滑1.5%）。由此一来，在传统媒体销售总额中，户外媒体的占比从2010年的7%增长到了2018年的10%。在全部媒体广告销售额中（传统和数字），户外媒体的占比一直保持在6%，而电视媒体的占比则从41%下滑到了33%，平面媒体的占比则从28%下滑到了10%。

户外媒体的表现之所以能够领跑其他传统媒体类别，主要有以下两个原因：一是受众支持。消费者的移动性日益增加，但户外媒体并没有受到影响。二是技术助力。数字创新以多种方式增强了户外媒体的绩效表现和吸引力：从不断涌现的数字广告牌占据优质位置和新的城市小众群体，到提升受众评测，再到使用数据实时优化跨媒体营销活动。

数字户外媒体广告销售额占到了户外媒体广告销售总额的25%以上，使得中国成了发展程度最高的市场之一（全球平均值：18%）。数字广告牌在中国市场很普遍，基于位置的数字库存同样普遍，大约一半的广告收入来自这些类别的数字屏幕。

中国的户外媒体控制着6.1%的市场份额，接近全球平均值。中国的户外媒体市场与其整体广告市场一样是全球最大的市场之一。城镇化的不断推进以及人均可支配消费收入的增加是未来户外媒体广告支出的两大驱动因素。

---

① 出版主业稳中有进，中文传媒经营质量持续提升[EB/OL].（2021-3-9）[2023-4-15]. http://txt.gqsoso.com/txt/20210309/45415.html.

展望未来，中国户外媒体市场格局有望见证强劲的数字户外媒体增长（平均增长11%，直至2023年），而传统户外媒体增长将在未来五年开始有所放缓。这种增长停滞主要归因于存量替换、静态媒体数量下滑以及品牌对非数字媒体缺乏兴趣。预计数字户外媒体净广告收入将不断增长，到2023年占户外媒体广告支出总额的39%，高于2022年的全球平均值[1]。

早有公司洞悉前景，加入并购户外媒体的行动中。博瑞传播、新文化等在户外媒体并购方面均有大手笔，其中博瑞传播已搭建起以成都、武汉、海口（及三亚）、杭州、深圳等中心城市为核心，辐射西南、华中、华南、东部沿海的户外广告媒体圈。博瑞传播发布的2021年度报告显示，2021年博瑞传播营业收入、利润、净资产全面增长，公司业绩呈现逐步上升趋势。博瑞传播实现营业总收入6.98亿元，利润总额1.24亿元，净利润9099万元，分别比上年同期增加31%、5%、3%。[2]

除了博瑞传播致力于户外媒体的布局，其他上市公司在户外媒体的花费上也丝毫不减，联络互动拟13.9亿收购迪岸双赢、天山生物拟24亿并购户外广告商大象股份、新文化15亿收购郁金香传播和达克斯广告等。线下广告资源的营销对于上市公司来说无可替代，掌握了点位意味着能够通过数据和营销效果打通线上线下之间的闭环。

值得一提的是，博瑞传播、新文化等通过战略并购优质资产，公司持续盈利能力及新媒体业务的核心竞争能力均显著提升。这些并购所需资金动辄十几亿元，募资能力强正是上市公司的优势所在，一般传媒企业难以模仿，仅靠自身积累，很难抓住历史机遇，实现跨越式发展。

（六）积极介入其他金融业务

1. 股权投资

我国资本市场正处于大发展时期，股权投资呈现良好的赚钱效应。为分享资

---

[1] 全球户外媒体广告收入连续九年实现增长，领跑其他传统媒体类别 [EB/OL].（2019-2-18）[2023-4-15]. https://www.adquan.com/post-13-49385.html.
[2] 博瑞传播2021年年度报告 [EB/OL].（2022-4-29）[2023-4-15]. https://money.finance.sina.com.cn/corp/view/vCB_AllBulletinDetail.php?stockid=600880&id=8152064.

本市场大发展的成果,传媒集团纷纷组建专门的股权投资平台,加大投资力度,培育新的利润增长点。如电广传媒旗下达晨创投公司自2001年开始,投资超680家企业。在2016年和2021年投资频次达到峰值,分别投资78家和75家企业。截至2022年底,达晨投资企业超过680家,成功退出254家,其中132家企业上市,累计96家企业在新三板挂牌。浙报集团早在2001年成立新干线传媒投资有限公司,积极参与杭化所、大立科技、华康药业等30多家企业的股权投资和战略配售。安徽时代出版传媒股份有限公司近年来不断加大股权投资力度,公司各类资本运作项目储备丰厚,参股的东方证券股份有限公司、读者出版传媒股份有限公司已上市。此外,解放日报报业集团、湖北日报传媒集团、河南日报报业集团(4.4亿元投资信阳银行占股20%,成为该行第一大股东)、成都商报社、深圳报业集团等在股权投资方面也已初具规模。

2. 试水互联网金融

近年来,伴随"互联网+"产业升级的推进,互联网金融(P2P金融)炙手可热,许多媒体积极介入。如2014年12月,湖北日报集团旗下的湖北新海天投资与湖北荆楚网络股份有限公司联合发起设立了楚天财富(武汉)金融服务有限公司,筹备运营P2P平台——"楚天财富网"。2015年6月,该平台正式上线。在继房地产、酒业等非传媒业务布局之后,湖北日报传媒集团的多元化业务拓展再次迈出实质性步伐,这是湖北省第一家由国有传媒集团发起设立的互联网金融服务公司,主要从事3类业务:一是基础层面的银行票据理财业务;二是金交所的资产收益权转让业务;三是个人、企业网络借贷信息中介服务。此外,吉视传媒发起设立了"中吉金服互联网有限公司"和"中吉(深圳)商业保理有限责任公司",全面进军"互联网金融"和"供应链金融"领域。

三、资本运营推动融合发展

上述六大类"传媒+金融"模式,除第一种"与银行战略合作"外,其余五大类均属资本运营范畴。目前,传统媒体与银行战略合作较为普遍,而真正打造资本运营平台的较少。实践证明,仅靠自身积累,传统媒体转型步履艰难,借力资本市场,兼并收购优质传媒资产,传统媒体转型事半功倍。因此,要推进"传媒+金融"融合发展，关键是要强化传媒资本运营，资本运营是媒体融合发展的重要推手。

（一）倒逼内部体制机制创新

报业传媒实施资本运营，引进战略投资者等举措，实际上是在政策允许的范围内，实现产权主体的多元化，形成合理的股权结构，促进报纸媒体建立高效的发展治理结构，从根本上解决了媒体在领导体制、用人机制、激励机制和监督机制上存在的问题，在客观上可以促进企业转换经营机制，从而建立产权清晰、权责明确、政企分开、管理科学的现代企业制度，增强可持续发展的内动力。未上市报业传媒通过资本运营加快了上市的步伐，而已上市的报业传媒通过资本运营使自身的经营管理更趋规范。

（二）改制上市能创造更广阔的资本运营平台

不难发现，报业兼并收购、资产重组等高级别的资本运营，通常发生在报业上市公司中，如浙报传媒、博瑞传播、华媒控股等，这主要是因为报业上市后，企业运作更规范、更透明，定价更公允，收购优质资源更受投资者青睐，收购资金不成问题，因而资本运营的空间更为广阔。正因如此，目前"（内容+技术+用户）×资本"被公认为媒体融合时代核心竞争力的完整公式。做好传媒与资本融合的乘法，通过控股、参股方式，以有限资金投资，开发大市场，充分发挥资本放大杠杆效应，增强传统媒体舆论引导力、控制力和影响力，资本运营被提到空前的高度，资本运营成为媒体融合的重要抓手。具体来说，为加快传统媒体改制上市，以下几点至关重要：

首先，做好内部改制工作，争取上市工作的主动性。改制是上市的必要条件，传媒企业要上市，必须扎实做好内部改制工作。一是传媒企业内部要统一思想和认识。尽管传媒上市有利有弊，但从长远考虑，上市利大于弊，上市将成为国内传统媒体转型的重要"推手"。二是合理选取拟上市传媒企业的资产与业务。具体应体现"五独立"原则，即资产独立、人员独立、财务独立、机构独立、业务独立。传媒上市工作不能因为股市低迷而停滞不前，也不能因为股市火爆而急于求成。传媒改制上市，主要功能是满足和适应自身的内在发展需求。

其次，注入优质经营性资产打造共赢局面。目前，中宣部等监管部门对于报刊行业采编与经营仍采取"两分开"的特殊政策，暂不注入采编业务，加快上市进程。

再次，通过借壳可加快上市进程。与 IPO 相比，借壳上市的好处主要有：上市速度快、门槛成本低、审核手续也相对便捷等。杭报集团 2013 年 9 月开始酝酿借壳上市，2014 年 5 月公布具体方案，10 月 16 日获证监会审核通过，11 月 28 日获核准，前后不到 15 个月。杭报集团的借壳上市，实现金融资本、社会资本、文化资源的有效对接，随后可择机通过定向增发并购优质资产，迅速介入新领域，如公司以 5.22 亿元现金收购中教未来国际教育科技（北京）有限公司 60% 股权，成功切入全国职业教育和非学历教育市场，为上市公司培育新的业绩增长点。2016 年上半年，华媒控股又启动定向增发工作，并确定了定增项目的中介机构。事实上，报业类上市公司目前在这方面已颇有斩获，如浙报传媒通过定向增发募集 25 亿元，实施并购已成功介入网络游戏；博瑞传播先后通过配股、定向增发募集 13.3 亿元，实施并购已迅速介入网络游戏与户外广告行业。此外，借壳上市的湖北广电已于 2015 年 5 月启动非公开发行事宜，拟引进战略投资者和财务投资者，加速全省广电网络双向化、宽带化改造，加强全省光纤干网和家庭宽带建设，加大"互联网＋广电媒体"融合力度，增强公司的竞争力和抗风险能力。正是借力股票市场，可以募集大量发展资金，这些传媒集团已经成为跨地区、跨媒体、跨行业、跨所有制发展的排头兵。

（三）报业资本运营通常由专门的部门或公司来运作

报业资本运营专业性较强，且涉及面较广，因此，通常需要成立专门的部门或公司来协调运作。如浙江日报报业集团成立新干线传媒投资有限公司，解放日报报业集团成立解放传媒投资有限公司，河南日报报业集团成立大河投资管理有限公司，成都商报社成立北京博瑞创业投资有限公司，湖北日报传媒集团成立湖北日报传媒投资有限公司，深圳报业集团成立深圳一本传播投资有限公司等。未成立专门公司的，也会成立相应的职能部门来统筹集团的资本运营，如南方报业集团便是如此。

（四）报业培育新兴业态上市将成新趋势

近年来，伴随文化体制改革的深入推进，谋求 IPO 上市的文化传媒业越来越多。经初步统计，截至目前，沪深两市 IPO 排队企业中，文化传媒类企业有 30 多家，涉及数字内容服务、传播与文化产业、文化与传播、文化艺术业等 7 个子行业，但除了读者传媒、知音传媒外，没有其他报刊企业，30 家企业多为出版发行、广电以及新兴文化企业。报业上市相对困难的主要原因有二：一是平面广告整体下滑，行业成长性欠佳；二是采编、经营两者分开上市，同业竞争与关联交易突出，通常难以通过上市审核。令人鼓舞的是，证监会将完善创业板制度，支持尚未盈利的互联网、高新企业在新三板挂牌一年后到创业板上市。目前，湖北日报的荆楚网、济南日报的舜网、辽宁报业传媒集团的新媒体业务"北国传媒"、江西日报报业集团的大江传媒、深圳报业集团的深圳新闻网等已在新三板挂牌上市。因此，传统报业加快新闻网等新兴业务培育上市有望成为新趋势。

第二节 传媒产业与地产业融合

20世纪90年代以来，中国房地产市场呈现快速发展，行业利润率不断攀高，吸引各路资金加速介入房地产开发投资，分享该行业大发展的成果。传统媒体在探索多元化发展中，尤其是近年面对新媒体冲击加快转型发展的背景下，纷纷探索"传媒+地产"融合发展模式，以期培育新的利润增长点，反哺传统主业转型升级。目前来看，不少传媒企业取得了骄人业绩。

一、传统媒体介入房地产投资情况

（一）我国房地产发展概述

房地产业一般是指从事土地和房地产开发、经营、管理和服务的行业，此处主要指从事土地和房地产开发投资、买卖租赁等，是其他行业企业多元化经营介入房地产的主要阵地。房地产投资是一种将资本投入房地产开发、经营、中介服务等经济活动，以获取最大限度利润的经济行为。

1. 房地产投资特点

与其他项目投资相比，房地产投资主要有以下特点：

（1）周期较长

房地产开发投资从投入资本到资本回收，从破土动工到形成产品，需要经过几个阶段的工作，如准备阶段（设计、报批等）、施工阶段、销售阶段等，尤其是建筑施工阶段，需要一砖一石、一管一线地建造才能最终形成产品，并且这一过程与资金是否及时到位关系很大，因此整个过程往往需要较长的时间。

（2）高收益性

房地产开发投资可以获得多重收益，主要收益途径有：一是增值收益；二是租金收益；三是销售收益；四是通过抵押贷款融资获得其他收益。房地产开发处于上升周期时，房地产投资收益率通常较高。

（3）高风险性

房地产开发投资价值高、建设周期长、负债经营程度高、不确定因素多，一旦决策失误或行业进入下行周期，销路不畅，将造成大量开发产品积压，使企业资金周转不灵，引发债务风险，导致企业陷入困境。

（4）区位性强

房地产的不可移动性，决定了房地产投资的收益和风险特征，不仅受地区社会经济发展水平和发展状况的束缚，还受到其所处区位及周边市场环境的影响。因此，投资者在进行投资决策时，不仅关心某宗房地产及其所处位置的特性，而且十分重视分析与预测区域未来环境的可能变化。对于大型房地产开发商，还需要考虑房地产投资的区域组合，以有效管理和控制投资风险。

（5）专业性强

在房地产开发投资过程中，需要开发商在获取土地使用权、规划设计、工程管理、市场营销、项目融资等方面具有管理经验和能力。此外，房地产投资还需要房地产估价师、会计师、律师等提供专业服务，以确保置业投资总体收益的最大化。

（6）受政策影响大

房地产投资容易受到政府宏观调控和市场干预政策的影响，政府的土地供给、公共住房、房地产金融、财政税收等政策的变更均会对房地产的市场价值，进而对房地产投资意愿、投资效果产生影响。

2. 市场发展阶段

自1994年"加强宏观调控，深化住房制度改革"以来，我国房地产市场大体经历了4个阶段：

（1）促进房地产发展阶段（1994—1997）

此时中国经济体量比较小，需要扶持房地产业的发展以拉动与房地产相关的其他行业如钢铁、水泥、建筑、家居、房屋设计等的快速发展，房地产业逐步成为推动中国经济起飞的支柱产业之一。

（2）规范房地产市场阶段（1998—2002）

这是中国房地产市场新周期的起点，在此期间，随着住房实物分配制度的取消和按揭政策的实施，房地产投资进入平稳快速发展时期，自住型购房消费占主流，房价稳步上涨。

（3）严格控制房地产发展阶段（2003—2007）

这是房地产市场的上涨期，经济发展刺激了住房消费，加之房价的上涨造成大量资金进入房地产市场以期保值增值，推动了房价的快速上涨，房价屡创新高，地王频现。在这期间国家出台了一系列抑制楼市的政策，楼市涨幅明显收敛。

（4）促进房价合理回归阶段（2008年至今）

在政府和房地产业的博弈中，楼市处于相持阶段，总的价格趋势是稳中有升。2010年限购限贷限价等政策狠压一、二线城市，至2011年下半年，全国市场开始分化，一线城市和部分二线城市走势较强，而部分二线城市和多数三、四线城市趋弱。与之相适应，开发商经营情况趋于分化，大房企强于中小房企，央企强于民企，布局于一、二线的房企强于三、四线房企。特别是，2015年房地产政策坚持促消费去库存的总基调，供需两端宽松政策频出促进市场量价稳步回升，行业运行的政策环境显著改善。一线及部分二线热点城市住房需求旺盛、财富人群聚集、购买力强的城市改善性需求明显释放，高端项目热销，房价加速上涨，因此，一线及部分二线热点城市相继出台史上最严的调控政策，量价应声齐降，促进房价合理回归。

3. 开发投资规模

2002年以来，在宏观经济较快增长、人民收入水平不断上升、城市化水平稳步提高、居民住房需求强劲等各种因素的促进下，我国房地产业一直处于上升周期，开发投资增幅一直保持在两位数，2003年首次超万亿元，增速达到30%的阶段性高点，占固定资产投资的比重也增加至18%，这一比重持续了5年左右。经过2009年短暂下滑以后，2011年房地产投资额突破6万亿元，较上年同比增长28%，其占固定资产投资的比重达到20%的历史高点。随后，房地产开发投资增速开始回落：2012年全国房地产开发投资71.804亿元，较上年同比增长16.2%；2014年全国房地产开发投资95.036亿元，较上年同比增长10.5%；2016年全国房地产开发投资已经达到10万亿，总投资规模首次超过10万亿元的门槛，同比增长6.9%，住宅投资同比增长6.4%。2021年，全国房地产开发投资147 602亿元，比上年增长4.4%，比2019年增长11.7%，两年平均增长5.7%。其中，住宅投资111 173亿元，比上年增长6.4%[①]。2022年，全国房地产开发投资132 895亿元，比上年下降10.0%。其中，住宅投资100 646亿元，下降9.5%[②]。

表5-2-1　2002—2015年以来我国房地产市场主要指标统计

年份	投资总额（亿元）	土地出让金（亿元）	土地平均购置价格（元/米²）	商品房销售均价（元/米²）
2002	7791	2417	656	2250
2003	10154	5421	698	2359
2004	13158	6412	722	2714
2005	15909	5884	739	3168
2006	19423	8078	990	3367
2007	25289	12217	1124	3864
2008	30580	10260	1177	3800
2009	36200	17180	1607	4681
2010	48259	27464	2054	5032
2011	61740	32126	2006	5357
2012	71804	28042	2077	5791
2013	86013	39073	2555	6237
2014	95036	42940	3002	6323
2015	95979	33658	3341	6793

土地价格的增速明显超过同期商品房销售均价的上涨。2002年至2015年，土地平均购置价格年均复合增长率31.48%，同期商品房销售均价年均复合增长率15.53%。土地平均购置价格占商品房销售均价的比例由29.16%上涨至49.18%（表5-2-1）。

[①] 国家统计局：2021年全国房地产开发投资147 602亿元，同比增长4.4%[EB/OL].（2022-1-17）[2023-4-15]. http://news.china.com.cn/2022-01/17/content_77994482.html.

[②] 国家统计局：2022年全国房地产开发投资132 895亿元，同比下降10%[EB/OL].（2023-1-17）[2023-4-15]. https://new.qq.com/rain/a/20230117A01TV800.html.

另外,在房地产业快速发展和壮大的同时,全国房地产企业数量也在急剧增加。据统计,1988年,全国房地产公司为3124家,此后3年全国房地产公司基本维持在这个数量上,1992年底,这个数字却一下子变成了1.2万家,到1993年又变成了3万多家。截至2022年8月,全国房地产开发企业数量9万多家,房地产行业共有上市公司115家。在众多的房地产公司中有不少成为全国众多百姓熟知的明星企业,如万科、保利地产、华润置地、中国海外发展、碧桂园等。

(二)传统媒体纷纷介入房地产投资开发

前些年,面临房地产业的持续火爆,报刊、广电、出版发行等传统媒体纷纷探索介入"传媒+地产",并喜尝甜头,培育了新的利润增长点。

河南日报报业集团成功介入房地产开发。地产项目是该集团重点布局的领域,旗下的瑞奇房地产公司已投资开发的房地产项目超过100万平方米,土地储备近千亩,房地产业已成为集团收入和利润的重要来源,为集团带来了良好的现金流和投资回报。目前该集团非报刊产业的收入已经占据半壁江山,产业版图涵盖新媒体、图书发行、动漫制作、物贸印刷、物流配送、酒店旅游、房地产开发、物业管理和高等教育等多个领域,其中房地产开发收入功不可没,湖北日报传媒集团地产开发红红火火。早在2000年,该集团就全资成立了湖北楚天房地产开发有限责任公司,从事房地产开发业务,并在地产界打造了"楚天都市"系列品牌。

此外,华闻传媒旗下海南新海岸置业股份有限公司专门经营房地产投资与开发,推进"华闻传媒·新海岸壹号"等项目,并做好新土地项目和房产项目储备与开发工作。大众报业在济南、青岛、烟台打造3个文化产业园区,占地约166.8万平方米,分别形成了总部新区+汽车印刷物流仓储产业基地、文化旅游+地产、教育+地产的产业发展模式。

东方明珠集团"文化+地产"业务全面开花。世博文化中心通过赞助商、包厢和商业租赁收入以及有效成本控制,实现了营收和利润的较大幅度增长;公司旗下松江大学城、杨浦渔人码头、太原湖滨广场等多处房产项目已进入收获期,其中杨浦渔人码头二期项目和太原湖滨会堂综合改造项目,兼具文化旅游资源和商业地产双重属性，未来可为公司业务发展提供充裕的现金流及利润支持。东方明珠 2022 年房地产营运收入达 3.71 亿元，净利润 1725.84 万元[①]。

皖新传媒大力推进文化商业地产开发。皖新传媒发起成立的控股子公司——华仑国际文化发展有限公司，主要业务涉及文化投资、房地产开发建设以及相关领域。

二、传统媒体介入"传媒+地产"的优势与劣势

传统媒体探索"传媒+地产"发展模式，只有充分发挥自身优势，尽量避免劣势与不足，才能做大做强，真正培育新的利润增长点。

（一）优势

1. 品牌优势

传统媒体因其天天与受众见面，有较强的传播力、公信力和影响力，其品牌产品容易得到受众的认可。以华谊兄弟为例，无论是坪山华谊兄弟文化城项目，还是此前的上海嘉定华谊兄弟文化城项目、苏州华谊影城项目和海南申影公社，其都选择有实力的开发商、地方政府、地产基金等合作伙伴共同参与，华谊兄弟更多采用品牌输出的轻资产管理模式。

2. 信息优势

传统媒体本身就是从事信息收集、信息处理及信息发布的机构，能够及时掌握信息动态，了解政策先机，捕捉市场动向，掌握地产买卖信息，这些对房地产开发经营至为重要。同时，传统媒体利用自家的媒体群，能够及时发布相关信息，在为自家参与开发建设的项目发布广告上占有优势，具有很强的产品推广优势。

3. 融资优势

经过多年的运营，传统媒体客户基础相当庞大，广告、发行等日常运营产生的现金流较为充裕，加之自身的社会地位以及所拥有的办公楼、印刷设备等固定资产有助于提升授信额度，银行乐意贷款，这为融资提供了极大便利。

---

① 上海东方明珠房地产 16.93% 股权挂牌转让，底价 2.84 亿元 [EB/OL].（2022-12-5）[2023-4-15]. https://finance.sina.com.cn/jjxw/2022-12-05/doc-imqmmthc7087741.shtml.

（二）劣势

1. 市场风险

政府对宏观经济的调控，往往从楼市调控着手，可以根据不同时期的状况，接二连三出台政策抑制楼市过热。如果房企在楼市即将下行时介入，或者在楼市转向前未能脱身出来，或者高估了刚性需求未能及时采取风险规避措施，则会陷入泥淖之中。

2. 资金风险

如果对投入回收周期把握不当，容易出现资金紧张、无力还款的风险在房价持续下滑时，投资者买涨不买跌，消费者持币观望心理严重，致使有房无市。随着银根紧缩，很多企业后续资金跟不上，最终会被压垮拖垮。如同经济周期一样，楼市也是螺旋式波浪形运行的，对这种周期和节奏的把握，往往决定着房企的命运。

3. 人才经验缺乏

管理不到位，难以掌控开发营销大局，在项目上也易造成质量问题以及投资失控。正因如此，浙报集团当年果断退出在山东聊城、福建宁德两地的控股运作地产项目，转而与专业地产公司合作开发房地产，规避人才经验缺乏的潜在风险。

4. 法律法规风险

房地产开发是一项系统工程，各个环节如何操作，法律都有明文规定，都需要签订严密的合同文件。包括土地用途变更、征迁补偿、贷款用途、设计方案、税费缴纳、建材采购、质量监理、融资渠道、购销合同、售后服务、物业维护……每个环节都有是否合规合法的问题。其中哪个环节失控，都易陷入官司纠纷：自身利益容易受损，项目也难以顺利推进。

三、"传媒＋地产"的模式探索

纵观国内传统媒体介入"传媒＋地产"融合发展经历，结合国内外专业地产的投资开发经验，传统媒体从事"传媒＋地产"融合发展，大抵有如下四种模式：

（一）自有地块或楼盘的开发建设

这是传统媒体探索"传媒＋地产"的较低级别发展模式，目前较为普遍。传统媒体采用这种模式,争取政府的政策支持,将划拨地变更为商业用地,补足地价,在建设或改造老办公楼或生活小区时,组建房地产公司,适度进行市场开发。很多报业集团、广电集团最早都是这样介入房地产市场的,开发建成部分除了留足传媒集团自用面积,还留出部分作为写字楼出租或出售,在建设职工宿舍楼时也是顺带增建部分商品房。比如浙报集团即由浙报房地产开发公司对集团大院进行综合改造建设,兴建了现代化的传媒广场及创业人才公寓,使办公条件有了质的提升。这种将划拨地变更为商业用地,并补足地价的做法,是十分值得提倡的,既有利于进行市场化运营,也有利于租售搭配,尽早收回投资,防止开发资金沉淀,影响"传媒+地产"良性运转。

(二)向外拓展拿地开发建设

这种模式的前提条件是,传统媒体成立专门的房地产开发公司,经过一定开发经验的积累,市场化程度高,与其他地产商站在同一起跑线上,具备相当竞争实力。像前面提到的河南日报报业集团、湖北日报传媒集团、上海文化广播影视集团、江苏凤凰出版集团等,早已走过了建大楼、改善办公条件的初始时期,他们涉足房地产是作为多种经营的重要项目,作为新增长点来加以培植的,是一种主动作为的姿态。媒体参与土地竞拍,以巨资拿地的新闻不时见诸报端,像重庆日报报业集团以7.2亿元拿下渝北商住地块,湖北日报传媒集团斥巨资30亿元参与漳州迄今最大的房地产开发项目。所以,关键是看介入的时机、拿地的价格、地段的优劣、楼盘的式样、管理的效率、运作的模式等。

(三)自行开发经营,走多业态、复合型的经营路子

有的传媒集团开发了商住楼盘,除了租售之外,会留下一些自行经营,比如开设酒店、开设商铺、开设广告公司。像河南日报成功开办大河锦江饭店;湖北日报传媒集团在新办公大楼建成后,以原办公大楼与战略投资者合作,成功打造五星级酒店;深圳出版发行集团成功探索深圳中心书城综合体模式,并向深圳各区乃至全国推广,目前已与安徽合肥签署战略合作协议,拟输出深圳书城模式……这种模式,相当于把开发楼盘与多种经营结合起来。由于楼盘往往无偿或

低价纳入经营成本，加上媒体自身的推广优势，所以很快介入相关领域，分享收益，培育成为新的经济增长点。

（四）文化创意产业园区建设

近年来，借助国家力促文化体制改革、扶持文化产业发展的东风，一些传媒集团开始涉足文化创意产业，开发文化创意园区，打造创意设计基地，发挥文化创意产业的聚集效应，更好地推动文化产业良性发展，同时也为自身培育可持续的利润增长点。例如：①博瑞·创意成都。该项目由成都商报社利用旗下的上市公司——博瑞传播打造，定位文化创意产业和楼宇经济的融合体，2009年正式兴建，2011年10月全面竣工并投入使用，并获得了"锦江区文化创意总部基地"授牌。该项目坚持单一业权经营，统一业态布局，不断聚集文化创意企业和高端品牌企业，引进了包括韩国NHN、上海金汇通等文化创意企业，以及巴斯夫、丹纳赫、福禄克、泰克等世界500强企业，彰显了文化创意产业特色，提升了"博瑞·创意成都"的楼宇价值。②羊城同创汇。2015年9月8日，位于广州中心城区的创业孵化器——羊城同创汇正式开园，并迎来腾讯众创空间首批8个创业团队入孵。羊城同创汇位于广州市越秀区东风东路733号，由羊城晚报老的印刷大楼改造而成，总建筑面积接近4万平方米。该园区具体由羊城晚报报业集团、腾讯、同创资产联手打造，目标是努力打造成为集社群、平台、服务为一体的新型互联网孵化器，同时成为羊城晚报报业集团全面拥抱互联网、推动媒体融合、加快转型发展的新起点、新平台。③南方报业289艺术园区。2016年8月18日，南方报业传媒集团289艺术园区（289艺术PARK）正式开园。该园区是南方报业拓展新兴业态、推进媒体转型的全新尝试，是广东省媒体转型发展的一个标杆项目。该园区坐落于广州市广州大道中289号南方报业大院，由原印务楼、生产楼、生活综合楼3栋旧楼和2个小庭院近3万平方米建筑物构成，总面积约3万平方米。园区将着力打造成为服务大众文化生活、文化交流共享、文创产业孵化、城市扩容提质和美丽乡村建设的全方位新型文化服务平台，目前已吸纳66家企业入驻，并获评"省级众创空间"、广州市创新创业（孵化）示范基地等称号。④太子湖文化数字创意产业园。该园区由湖北广电与武汉经济技术开发区合资建设，首批重点引进影视制作、媒资分发、智能终端研发、电视互联网系统集成、云计算和大数据应用、工业设计、工艺美术创造展览等业态企业，努力打造成我国首家"文化＋科技＋金融"广电文化创意产业示范园。

当然，现实中"传媒＋地产"融合发展模式并不局限上述4种形式，上述模式也可相互渗透或相互转化，此外还有些形态，如：参股经营，传媒集团注资、参股房产公司，间接参与经营；委托经营，传媒集团将自己的地块委托给房产公司，由其进行开发销售，最终再分享实物（不动产）及利润；品牌经营，允许房地产公司借用传媒品牌实施房产开发，传媒集团如同以品牌入股；置换经营，传媒集团以广告版面与房产商进行置换。例如，投入3000万元的版面进行宣传，帮助开发商打开市场后，报社换回相应等值的房产或红利；传媒集团用自有物业的租赁权，入股进驻高科技成长型企业，培育上市，获取更高收益……这些也是值得探索的"传媒＋地产"融合发展模式。

四、"传媒＋地产"的启示

（一）三思而后行

传统媒体介入"传媒＋地产"时理应三思而后行。"传媒＋地产"项目投资金额通常较大，应细分市场，充分发挥自身优势，对项目资金来源、收益预期以及不确定性的应对等，要有充分合理的考虑，不能盲目乐观，甚至草率上马，走一步看一步，这样极易出现烂尾工程，蒙受巨大损失，沦为传媒转型发展的沉重负担。

（二）鼓励合作共赢

对一般传媒集团来说，面对新媒体冲击，目前转型压力巨大，加之普遍缺乏地产专业人才和运营经验，体制机制不够灵活，因此，选择与专业化地产商合作或合资运作，往往更容易加快项目开发进程，尽早兑现收益。如深圳报业集团在重大项目相对密集的情况下，拿地与大型专业房地产商合作开发的文博大厦项目于2013年动工，2015年4月成功封顶，2017年上半年已建成验收，集团不用出一分钱建设资金，就能获得大厦30%的物业。

（三）用好"传媒+"优势

国内房地产行业发展现已进入相对成熟的阶段，"拿地—开发—卖房"的传统开发模式面临挑战，利润越来越低，房地产行业的细分将带来更多市场需求。因此，传统媒体可以充分利用自身品牌、资源以及推广力等优势，与专业地产商携手合作，相互借力，做自己擅长的事，强化传媒文化内涵，开发文化地产，共享成果与收益。例如，2015年5月，安家传媒集团、大陆希望集团、郑州报业集团就"海南木棉湖"项目战略合作签署仪式在郑州举行，此举意味着未来海南木棉湖项目将由3家企业联合开发。整合3家集团各自优势，由大陆希望集团修建海南木棉湖万亩山海湖国际养生度假区，安家传媒发挥品牌整合传播和策略顾问优势、整合各方资源，形成全国品牌传播，构建营销矩阵，郑州报业利用区域媒体巨大的影响力整合市场资源，联合开发并独家销售针对河南民众的特色小区，形成了三大知名企业在"产品修建、策略及渠道整合、区域传播销售"三大环节分工协作、联合开发的全新模式。此次合作是新时期媒企跨界合作的全新尝试，也开创了"传媒+"新常态下地产整合营销的先河。此外，解放报业集团、成都传媒集团等整合旗下报刊、电视、网络等全传媒，为房地产商提供跨媒体整合营销，从中分享房地产开发所带来的成果。这样，就可以向房地产领域的上下游发展，包括成立营销代理中心、信息发布中心、研究中心和公关企划中心等相关机构，致力于推动中国房地产营销的专业化进程，这也是一种"传媒+地产"的整合发展模式。

（四）多路径融资

传媒集团进入资金密集度更高的房地产业，探索"传媒+地产"发展模式，不可避免地需要融资。为此，建议首先利用传媒的优质资信，结合项目本身，谋求本地商业银行扩大授信，用好传统银行融资方式，甚至考虑借力债券市场，择机发行短期融资券、中期票据等。此外，已上市传媒集团可以利用上市公司平台，在目前地产业追求开发效率的趋势下，也可以利用房地产基金和其他融资工具。

(五)市场化开发

目前,传媒集团拥有的土地资源多属行政划拨用地,如果不改变用地属性,投资开发的产品则只能自用或租赁,不能出售,这样投资回收期漫长,开发资金沉淀,不利于良性滚动开发。而按市场化模式,合理补地价,完全商品化,开发出来的产品租售自如,可快速收回投资,容易抓住最佳开发时机加快传媒集团转型发展。

第三节　传媒产业与教育产业融合

当前教育支出在中国已经超过其他生活费用成为仅次于食物的第二大日常支出，而中国教育培训行业仍处于起步阶段，市场潜力巨大。目前教育培训业新一轮的洗牌已经展开，大机构将出现综合化发展，专业教育机构将突出差异化进行连锁经营。传媒集团进军教育培训业，可凭借公信力形成品牌化发展，并通过专业化谋取差异化优势，在教育行业的并购整合及媒体融合大势中谋取发展。

一、传媒与教育培训产业融合可行性分析

（一）教育培训市场发展现状及前景

教育培训产业属于社会教育体系，是基于广大消费者对再教育以及专业教育的需求而发展起来的以教育培训为基础的服务产业。社会教育体系是国民教育系统不可分割的部分，对学历教育起着有益的补充作用。

目前，我国已经形成了多种办学主体的市场格局，主要包括各级各类学校办的培训班、行业企业的培训中心、行业协会的培训中心、各种学会团体办的培训班、社会力量联合办学、培训公司和个人等。统计数据显示，2015年我国培训市场规模约8821亿元，其中语言类、IT类教育培训机构数量较多，分别占行业总量27.8%、17.3%。2016年教育培训市场规模已突破1万亿，保持每年13.1%的增长率。2021年K12教育培训市场规模6580亿元，占教育培训市场整体规模的31.05%，占比最大；学前培训市场规模4288亿元，占教育培训市场整体规模的20.23%[①]。

教育培训市场目前处于不断细分的过程，已基本成形的细分市场涵盖了语言、IT、管理、会计等大类，在这些大类下面又有很多更细致的市场划分，从而形成了一个能满足更多人不同需求的复杂市场。从投资机会来看，与发展已经比较成

[①] 行业深度！一文带你了解2021年中国K12教育行业市场现状、竞争格局及发展趋势[EB/OL].（2021-6-9）[2023-4-15]. https://bg.qianzhan.com/trends/detail/506/210609-66c735e5.html.

熟的IT培训、英语培训、EMBA培训相比，早教、中小学教辅、职业培训、网络教育、民办学校等细分市场，还有着较多投资进入的新机会。业内人士认为，教育培训业将迎来新一轮的洗牌阶段，大机构将出现综合化发展，专业教育机构将突出差异化进行连锁经营，融资后的教育机构为了扩张将继续收购全国地方大型教育机构，小机构为了生存必须进行改革创新寻求教育蓝海战略。可见，教育培训业仍有巨大的市场空间待挖掘。

（二）传媒集团发展教育产业的机遇

1. 固定资产在教育中投资不足

2008年以来，教育行业以良好的现金流、不受经济周期影响而持续增长的优点受到投资机构的青睐。然而统计显示，2022年1—12月份，全国固定资产投资（不含农户）572 138亿元，教育产业虽然占比较上一年增长5.4%[①]，但总体来看，占比不是很大。从这个意义上来说，固定资产在教育中投资依然不足。教育产业在国民经济中有举足轻重的地位，良好的教育配套设施建设有助于整体教育水平和质量的提高，在保证教育投资额绝对数增长的前提下，国家正尽力提高其在固定资产投资中的整体比例。传媒集团依靠强大的资金实力以及投融资能力，可以在教育产业中有所作为。

2. 民办教育市场集中度低

自2002年底《民办教育促进法》颁布以来，我国民办教育地位逐步提升，在学前教育领域，民办已超过公办，成为我国学前教育公共服务的最主要提供者。从学校数量来看，根据教育部公布数据，2012—2019年中国民办学校数量稳步增长，从2012年的13.99万所增长至2019年的19.15万所，年均复合增长率为4.59%。从各年份增速来看，2013年民办教育机构数增速为近年最大，达到6.5%，2013年后增速在3%~5%，2016—2018年增速逐年放缓，2019年增速回升至4.36%[②]。

---

① 统计局：2022年全国固定资产投资572138亿元，比上年增长5.1% [EB/OL]. （2023-1-17）[2023-4-15]. https://www.163.com/dy/article/HR9EQ1740519D45U.html.

② 中国民办教育行业市场现状 [EB/OL]. （2021-2-20）[2023-4-15]. https://www.163.com/dy/article/G39NO1II0514HA3H.html.

与之相对应的是，民办教育的市场集中度非常低。目前全国登记在册的民办教育机构数量达到十余万家，但资金规模超过 10 亿元的屈指可数。所以集团化是教育培训机构未来发展趋势，传媒集团与大型教育培训机构的强强联合迎来契机。

3. 国家鼓励多元主体组建教育集团

2015 年，教育部印发的《关于深入推进职业教育集团化办学的意见》提出，本着加入自愿、退出自由、育人为本、依法办学的原则，鼓励国内外职业院校、行业、企业、科研院所和其他社会组织等参加职业教育集团。到 2020 年，职业院校集团化办学参与率进一步提高，规模以上企业参与集团化办学达到一定比例，初步建成 300 个具有示范引领作用的骨干职业教育集团，建设一批中央企业、行业龙头企业牵头组建的职业教育集团，基本形成教育链与产业链融合的局面。政府层面的推动和市场引导，将为传媒集团进军教育培训业带来机遇。

（三）传媒集团发展教育产业的优势

1. 传媒与教育具有相同的社会属性

社会的存在和延续离不开教育。教育在任何社会都要承担传授生产知识、技能和经验的任务，使年轻一代适应现存生产力的需要。同时，也要承担传授社会的思想意识、风俗习惯和行为规范的任务，使年轻一代适应现存生产关系的需要。传媒与教育的一个共同功能就是传递社会意识，使大众掌握社会所倡导的意识形态，在教育内容设置上、媒体的传播内容上，都会选择社会所倡导的社会意识形态。因此，传媒与教育培训业面对的不仅仅是消费者，还被社会大众这个群体所关注着，两者具有相同的社会属性，两个行业的融合具备先天基础。

2. 公信力和品牌优势

品牌和口碑是消费者选择培训机构时考虑的首要因素。品牌培训机构可凭借自己独特的企业文化、管理制度、经营模式、教育质量和品牌形象产生品牌效应，获得巨大的经济效益和社会效应。目前全国品牌化的教育机构像新东方、巨人教育、安博教育、环球雅思等教育培训机构占据英语、课外辅导、职业教育等行业领头地位。传媒凭借公信力所带来的权威性和品牌力可以为消费者选择教育培训提供信心保障。

3. 宣传渠道优势

大众传播的一大特征表现为宣传渠道优势，随着现代社会科学技术的高速发展，大众传播对于改变舆论倾向、影响公众态度以及塑造各类形象有着无可替代的作用。而教育培训的宣传与推广无法离开传媒的力量，教育培训品牌化、差异化、个性化的打造，最重要的手段就是媒介传播。在传媒与教育的融合发展过程中，教育培训的传播可谓水到渠成。

4. 资源优势

传媒集团与政府的密切联系，以及多年积累的企业客户资源及读者订户资源，都是发展教育培训的重要条件。首先，政府教育部门的推动，能为教育培训项目提供宏观层面的有力支持；其次，教育培训产业上下游企业的联动，能为产业链的打通提供基础，传媒可利用客户资源为企业间的合作起到穿针引线的作用，此外，企业客户也是教育培训的重要受众；最后，传媒的读者数据库资源，经过细分管理，能让教育培训项目营销更有针对性。

5. 传媒与教育的融合可推进文化产业的发展

传媒与教育可以为文化的交流和传播提供平台，为文化资源的开发提供载体，实现文化产业的市场化和规模化。通过产业融合突破产业分立的限制，为文化产业提供扩大规模、扩展事业范围、扩张产业边界、开发新产品和新服务、创造新业态等方面的巨大商机，推动文化资源在更大范围内合理配置，进而促进文化产业跨越式发展。

二、传媒集团发展教育产业策略分析

1."传媒+早教培训"模式

统计数据显示，2018年中国0～6岁婴幼儿超1亿人，中国早教机构报名人数数量庞大。2020年中国早教行业市场规模达3038亿元，较2019年上涨13.6%。伴随着新一代父母对子女教育重视程度的提升，早教市场规模将大幅度上升。国内的早教市场在1998年开始萌芽，经过20多年的发展，早教机构已经走过一波迅速扩张期。目前中国早教市场还待开发，这也正是机会所在，对于早教市场并购整合将为更多有实力的机构带来机遇。

随着风投的进入，国内早教机构已经开始出现良性发展的苗头。资金充裕的早教机构将改变目前主要的经营模式，从早期的加盟扩张为主，逐步发展为以直营管理为主，保证各地早教分支的教育质量。传媒进军早教培训市场，可通过早教中心打造品牌影响力，继而以其为支点撬动婴幼儿市场，实现品牌效应最大化。

2. "传媒+职业教育"模式

当前，我国正处于经济转型和产业升级换代时期，迫切需要大量各个领域的职业人才，这就需要一个更具质量和效率的现代职业教育体系予以支撑。庞大的受众群体使得职业培训成为教育培训领域最大的细分市场。据统计，仅高校、职高、技校等毕业生的就职培训，目标客户就超过 1000 万人。此外，随着农村来城务工人数的不断增加及中国城市化进程的加快加深，越来越多的人需要参加特定的职业培训才能找到工作的机会，这部分人群也在不断扩充着职业培训的受众市场。近年来，政府通过出台各种政策利用行政手段鼓励职业教育的发展，包括积极引导社会力量办教育，支持各类办学主体通过独资、合资、合作等形式举办民办职业教育，通过体制机制创新为职业教育汇聚更多资源。这为传媒集团进军职业教育市场提供了有利条件，传媒集团可以充分利用企业客户资源，积极参与开展校企联合招生、联合培养的现代学徒制培训模式。

3. "传媒+民办学校"模式

与公办学校学科性教育相比，民办学校走的是技术应用型教育，即以社会岗位需求为导向，努力促进就业。根据中国民办教育协会的统计，据统计，2022 年，全国共有各级各类民办学校 17.83 万所，占全国学校总数的比例为 34.37%；在校生 5282.72 万人，占全国在校生总数的比例为 18.05%。民办幼儿园 16.05 万所；在园幼儿 2126.78 万人。民办义务教育阶段学校 1.05 万所；在校生 1356.85 万人（含政府购买学位 736.37 万人）。民办普通高中 4300 所；在校生 497.79 万人。民办高等学校 764 所。其中，普通本科学校 390 所；本科层级职业学校 22 所；高职（专科）学校 350 所；成人高等学校 2 所。民办普通、职业本专科在校生 924.89 万人[①]。

---

① 2022 年全国共有各级各类民办学校 17.83 万所[EB/OL].（2023-3-23）[2023-4-15]. http://field.10jqka.com.cn/20230323/c645783509.shtml.

民办学校近些年来的迅猛发展，受益于公共教育资源的供不应求。虽然近几年高校普遍扩招后，这一局面有了改善，但还是有很大比例的学生难以到公办学校就读。2015 年 1 月 7 日，国务院常务会议讨论通过部分教育法律修正草案，明确"对民办学校实行分类管理，允许兴办营利性民办学校"。教育部鼓励社会力量兴办教育，并出台鼓励社会力量兴办教育的政策文件。相关文件提出，政府将依法建立分类管理基础上的财政、金融、土地、人事等方面差异化扶持政策，健全政府补贴、政府购买服务、助学贷款、基金奖励、捐资激励等制度。这为传媒集团创办民办学校带来契机，传媒集团大可利用品牌及公信力优势，联手大型企业，共同进军民办学校市场。

三、传媒与教育行业融合模式发展趋势及构想

（一）凭借公信力形成品牌化发展

教育培训市场竞争化的时代，品牌优势是竞争的一个核心，中国教育培训业形成大品牌割据的局面。例如：英语培训领域将是环球雅思等这样的机构领跑英语培训市场；安博、北大青鸟等机构占据职业培训市场份额；在中小学课外辅导领域，将是像巨人教育这样以多元化的优势占据全国市场。各大品牌在自己的领域内不断扩张，将标准化和专业化的运营模式向全国推广。拥有成熟的盈利模式和品牌知名度的传媒集团可以凭借多年积累的资金或引进外部投资，通过收购、并购、整合教育培训院校，在短期内迅速扩张企业规模，从区域型教育企业逐步发展成全国性连锁教育企业，继而形成规模化发展格局。

（二）通过专业化谋取差异化优势

在教育培训市场的激烈竞争背景下，面对国内众多培训机构分食市场的局面，谁能另辟蹊径，谁就能争取到新的商机。于是，个性化培训逐渐涌现，英语培训市场出现了金融英语、猎头英语、行业英语；IT 培训市场开始分化为"白领培训"和"蓝领培训"两大阵营；CEO 培训则出现了针对女性 CEO、CEO 太太的培训项目；企业内训分管理培训、项目管理培训、销售培训、技术培训等。培训项目、课

程越来越个性化的发展趋势预示：差异化竞争态势已经开始形成，培训市场细分天下的时代已经来临。传媒集团与教育培训的融合，在起步阶段可以充分利用宣传优势，找准市场，探索差异化竞争之路，打破培训机构之间的同质化竞争格局。

（三）打通产业链上下游实现一体化

教育产业链对资源的优化配置表现在教育培训机构对资源的掌握由重视自身的实有资源管理转向虚拟资源的运用，所谓虚拟资源，就是把资源的概念外延到合作伙伴那里，通过形成教育产业链，教育培训机构不仅能够掌握资源，同时还可以利用虚拟资源，上游企业、下游企业甚至客户都可以作为自己资源的扩展来源。在产业链中，有许多上下游关系与相互合作的交流。上游环节为下游环节提供产品与服务，而下游环节为上游环节提供反馈信息。而在教育培训这个特殊属性的行业，目前重在对下游环节的开发，相对忽视了产业链上游提供的生产与服务。传媒集团与教育培训的融合过程中，可以在一开始就对教育产业链上下游进行整合，采取联合的方式消除其他未加入该产业链中的培训企业的威胁，同时在一定程度上形成垄断，获取较高利润。然后发挥产业协同效应，通过一体化来解决培训企业间形成的激烈竞争，制定一个完善的游戏规则，一体化面对市场和消费者。最后，该经营模式成熟后，还可以进行复制从而延长行业的生存周期。

（四）积极参与网络教育

受地区差异影响，中国的教育资源分布并不均衡，而网络教育正好弥补了这一不足。网络技术的进步、互联网的普及，也为网络教育提供了技术支持和市场拓展空间。业内报告表示，目前网络教育市场产业链条已经逐渐成熟，课程提供商包括课程内容提供商、传统线下教育机构、互联网教育机构、创新型互联网团队；中间页平台提供商包括BAT综合流量平台、视频类中间页平台、垂直搜索引擎类平台；此外，产业链还包括支付厂商、电信运营商和广告主——移动应用广告商。多种盈利模式探索并行，用户付费习惯正在培育中。这种模式下的盈利来源主要包括课程内容、软件下载、在线广告、平台佣金增值服务等。目前，网络教育市场中学前教育、留学教育、兴趣爱好培训仍处在探索期；综合平台、K12

教育、外语培训已处于市场启动期；职业教育、高等网络学历教育处于高速发展期。传媒集团进军网络教育，可以从仍处于探索期和市场启动期的市场着手，研究创新型盈利模式。相比实体教育，网络教育在本质上是一种渠道，因此，渠道能力和资源整合能力将成为传媒集团融合网络教育培训的核心竞争力。

（五）提供全方位的教育定制服务

教育培训机构的发展不仅需要顺应市场需求，还可以"创造"需求，把握行业趋势的话语权。传媒集团可以利用多年积累的读者资源，对读者数据库进行整理、分析，根据性别、年龄层、职业、收入、家庭情况、喜好，对读者进行分类，按照不同的分类，通过短信、微信等方式进行定期教育培训信息推送。根据需求对每一个家庭中每一位成员进行全方位个性化的教育咨询、定制服务。从幼儿早教、中小学课外辅导、学历教育到职业培训、规划，通过长年的信息跟踪，提供一条龙的服务。例如，中国传统家庭中，小孩对课外兴趣班课外教学辅导的需求，父母对职业培训或继续教育的需求，老人对老人大学的需求，没有一家单独的培训机构可以全部满足，而传媒集团通过整合各类别的培训机构和对教育政策、信息的掌握，可以牢牢抓住这些家庭用户、稳固教育培训庞大的消费市场。

第四节 传媒产业与旅游产业融合

中国旅游市场近年来发展迅速，旅游人数及收入逐年攀升，业内通过整合进一步扩大了规模。传媒集团进军旅游文化产业，是传媒产业在文化产业领域的拓展和延伸，因其本身的文化属性而具备得天独厚的优势。目前，旅游业与传媒集团之间的融合已成为市场亮点，跨地区、跨部门、跨行业的大型旅游企业集团逐渐增加，具有较强竞争力的旅游产业组织体系正在形成，传媒与旅游可以在相互融合与渗透中谋求共赢。

一、传媒与旅游产业融合可行性分析

（一）旅游市场发展现状及前景

随着经济的蓬勃发展，在中国，旅游已经从少数人的奢侈品，发展成为大众化的生活方式。2019年，旅游经济继续保持高于GDP增速的较快增长。旅游行业上的收入总计6.63万亿元，与上一年相比增加了11%。在国内生产总值中旅游业的份额占比为11.05%，总计10.94万亿元。旅游为2825万人提供了直接就业机会，并直接和间接让7987万人有了工作，这在全国就业总人数中占据了10.31%。2019年，我国在旅游市场与出境旅游市场都呈稳步上升趋势，入境旅游市场也变得更加稳定。具体来说，2019年国内旅游人数达到了60.06亿人次，同比增长8.4%。在旅游行业的营业收入达到了5.73万亿元，同比增长11.7%。一整年的出境和入境旅游的游客总数是3.0亿人次，相比上一年同期增加了3.1%。在这里面，入境旅游的游客总数达到了1.45亿人次，比上年同期增长2.9%；中国公民出境旅游人数达到1.55亿人次，比上年同期增长3.3%[①]。

2023年中国国内出游人数48.91亿人次，与上一年相比增加了93.3%，而国内旅游收入预计4.91万亿元左右，与上一年相比增加了140.3%。

---

① 国家统计局：2019年我国旅游总收入6.63万亿元，同比增长11%[EB/OL]. (2020-3-11) [2023-4-15]. https://www.sohu.com/a/379338281_395910.

随着中远程旅游、家庭亲子休闲游、研学商务游等需求集中释放,旅游市场出现了"爆棚式"增长的新格局,一季度中多家公司净利润均实现同比增长。乡村旅游、旅游小镇建设、大型旅游景区开发、休闲度假区建设、医疗健康旅游和养生养老旅游、文化旅游、生态旅游、海洋旅游、在线旅游、大型旅游演艺项目、旅游商品和户外休闲用品、自驾车和房车营地、大型旅游装备制造业等正在成为旅游投资的热点领域。

(二)旅游业依托多元整合进一步扩充规模

我国旅游市场在不断进行扩张,规模建设也在不断壮大,在这样的环境下,资源和环境受到了更大的压力。市场总体上存在供给不足的问题,尤其在度假休闲与个性化旅游方面,在一定程度上无法与游客多样化的需求相适应。并且,我们的公共服务体系还需要改进,特别是在应对大众化旅游与分散式旅游方面。交通、住宿等基本消费占据了非常多的份额,而文化和购物方面的消费相对较低。旅游业亟须依托业内业外多元整合进一步扩充规模。

由于小型旅游企业抗风险能力较差、竞争能力也很弱,近年来,大型旅游企业开始通过收购、控股等手段将其吞并,走向集中发展,实现集团化经营。旅游业与传媒集团之间的融合也成为市场亮点,跨地区、跨部门、跨行业的大型旅游企业集团逐渐增加,具有较强竞争力的旅游产业组织体系正在形成。一体化产业链条的形成为旅游产业组织结构的创新和升级提供了可能。

(三)进军文化产业是传媒集团发展的有效路径

传媒业自从成立传媒集团,进行多元化经营以来,经过创业前期的高速发展,规模和层次都亟待向更加广阔的范围提升。在本行业——报纸、广电等传媒本业行动空间受限的情况下,近年来,传媒业与文化、广告印刷、传统零售业、物流、金融等行业的交叉融合不断深入,传媒集团的触角不但向其他产业的上下游扩张,并且在新技术的引领下衍生出新的商业模式,进而推动传统行业与业务模式的变革。

传媒产业在文化产业中处于核心地位,有着独特的精神文化属性,在多元化扩张视角下,传媒产业与文化产业中其他行业合作发展,利用原有发行和品牌市场,针对原有顾客的其他需要,发展新的文化产品,增加文化产品品种来满足市场和人民需要，继而发掘新顾客，是传媒集团扩大规模的重要路径及有效模式。并且，在多元化阶段，传媒集团通过建立战略联盟进入文化产业，还可以很好地降低多元化的风险。文化产业中，旅游业是一个高投资高回报的产业，传媒集团进军旅游文化产业，是传媒产业在文化产业领域的拓展和延伸，两者可以在相互融合与渗透中谋求共赢。

（四）传媒集团发展旅游产业的优势

1. 公信力和品牌优势

传媒集团所拥有的媒体公信力及品牌影响力，可以说是其与旅游产业融合进程中的核心优势。公众信任是衡量媒体声誉、权威与影响力的标准，还是为媒体取得观众信任的能力。品牌是企业长期努力经营的结果，更是企业的无形资产。而媒体品牌正体现了一种文化的精神影响力和一个文化企业的核心竞争力。在旅游产业的开发中，传媒集团的品牌优势在于通过其现有的知名度去快速开拓市场，赢得客户信任，进一步减少宣传资金，实现品牌优势向经济效益的转化。

2. 宣传渠道优势

传媒集团发展旅游产业的第三大优势在于媒体传播主体高度组织化、专业化；传播对象众多，覆盖面广；传播速度快等。传媒是旅游城市形象的一个重要的传播路径，媒体可为城市旅游形象的建构进行多角度、不间断、系列化的旅游宣传，对旅游的形象来说是一个强势传播的手段。旅游城市形象的投入和建设程度以及对媒体的利用程度都充分体现出一个城市旅游整体形象的传播意识和重视度，媒体造势将会给旅游地的综合形象和知名度带来跨越性的提升。

3. 文化属性优势

传媒集团进军旅游产业，因其本身的文化属性而具备得天独厚的优势，传媒业在文化产业中占有很大的比重，也是文化产业里面最为强劲和最具价值的产业类型之一。文化产业实现自我融合，传媒产业也逐步进军其他领域，使得传媒集团实现了规模扩大和多元化经营的目标。传媒产业可以借助已有的发行与品牌市场，为现有客户提供更多文化产品，以满足不同的需求，从而开发新的文化产品，并吸引更多的客户，这是传媒产业的趋势。

传媒产业与文化产业密不可分，其知识和经验更加丰富，且拥有文化产业所需的战略资产。因此，以文化产业为核心并在此基础上进行多元化拓展，对于传媒产业而言可谓事半功倍。

二、传媒集团涉足旅游业情况概述

（一）境外传媒集团涉足旅游产业现状

影视旅游是国外传媒与旅游融合的主要方式。这种以文化为主题的旅游模式最初产生于1955年，迪士尼乐园是当时沃尔特·迪士尼创立，而20世纪60年代，美国好莱坞环球影城的建立成了环球影城系列的第一个主题公园，从而正式开创了这种文化旅游模式。在接下来的几十年当中，全球影视主题公园的成立如火如荼，并且发展出了三种影视旅游模式，包括影视主题公园旅游、电影节旅游以及电影拍摄地旅游。我们这里通过美国进行举例说明，美国每年至少有2/3的旅游收入跟着文化旅游有关联，特别是多种多样的专业艺术中心、迪士尼乐园等带来的数十亿美元收入。美国也是全球传媒和娱乐产业的重要领军者之一，迪士尼依靠网络媒体、主题公园、影视娱乐以及相关衍生消费组成互相支撑的产业链经营模式取得了巨大的成功。好莱坞这个美国的大型电影产业也是这样的。影院售票的收入份额也只是总收入的20%，其他附带产品的收入份额则高达80%。

此外，越来越多的人开始去影视拍摄地旅游观光。在电影《杯酒人生》的影响下，美国俄勒冈州圣巴巴拉郡某葡萄酒厂的游客数量猛增，增长率达到了三倍。

（二）我国传媒集团涉足旅游产业现状

1. 现有模式

（1）自行投资或自设平台

直接投资旅游景区或通过下设旅游中心运营旅游业务是相对简单直接的旅游融合模式。例如，2012年，湖北知音传媒集团有限公司计划总投资15亿元，在八里湾镇规划建设知音文化生态旅游项目。该项目以世界著名作家、翻译家叶君健故居和国家级文物保护单位吴氏祠堂等两大景点为主题，建设"知音"品牌的动漫文化产业、旅游园区和生态农业产业。"中国院子"项目是由大众报业集团投资并实施的,它的设计理念是以明清时期的古代建筑风格为外观,内部包括了名园、名院(所)、名馆、名人、各种活动、传统手工艺、影视拍摄以及非物质文化遗产项目等,主要包括古代建筑文化博览区、休闲度假体验区、旅游观光区、商业生活娱乐区等。

浙报传媒通过创立旅游全媒体中心,跨地域发展旅游合作项目并发展在线旅游平台有效实现了媒体资源与旅游资源的整合。浙报传媒全媒体中心的做法首先是搭建旅游媒体融合平台:一方面,维护浙报传媒所属35家报纸和网站全国25家报纸联盟及超过30家网站联盟等旅游宣传主阵地,与浙江省旅游局合作"看晚报·游浙江"主题推广、策划浙江大学生旅游节等重大活动;另一方面,打造以移动互联网为核心的旅游新媒体矩阵平台,钱江晚报·悠游天下官方微信、悠游浙江旅游微店等。贵阳日报传媒集团花费了1000万元,贵州新闻旅业投资管理有限公司得以成立,旨在借助投资、收购、管理与发展连锁旅游门市等模式,整体涉足旅游产业。除了三家全资旅行社,该公司还打算涉足与旅游有关的上下游产业,如酒店等,以全面发展旅游产业链。贵州广电旅行社有限公司推出的旅游线路,不只是得到了十几家广播电视台的支持,并且借助自行建立的"贵州广电旅游网",与之合作创立的"贵网"旅游频道、"今日传播网"旅游频道以上3个媒体平台,为景区开发方、旅游运营者与游客提供宣传推广、沟通以及额外服务的机会。

(2)与旅游企业或旅游目的地合作

传媒集团通过控股、参股旅游企业,或是与旅游企业、政府部门、旅游目的地合作参与旅游产业的开发、运营,也是目前较为常见的传媒与旅游融合模式。例如云南报业传媒(集团)有限责任公司与云南世博旅游控股集团有限公司签订战略合作协议,携手整合旗下各自集团的优势资源,由云南报业传媒(集团)有限责任公司旗下的云南春晚传媒有限公司出资,打造两大旅游产业实体板块——控股云南中旅国际旅行社有限公司、参股云南旅游散客集散中心;上海报业集团旗下的《上海日报》与锦江集团旗下的华亭海外旅行社通过战略合作的形式共同设计、培育和推广涉外旅游产品;湖南电广传媒股份有限公司与深圳华侨城控股股份有限公司、香港中旅集团共同投资兴建文化主题公园——长沙世界之窗；体坛传媒集团与海航旅业集团共同出资成立海航体坛公司，致力于体育产业开发、高端体育旅游、观赛等体育旅游项目；黑龙江日报报业集团与大兴安岭地委签订合作协议，共同发展文化创意产业、开发大兴安岭地区的旅游资源等。

2. 现有模式存在的问题

（1）投资领域单一

传媒集团与旅游产业的融合虽然呈现较多的投资或合作模式，但总体来看，投资领域大多集中在旅游产业链的各单一环节。如对旅行社的收购、景区的开发、酒店的建设、文化产业园区的投资等，仍在传统旅游模式的框架内进行。传媒涉足旅游行业，应对其进行产业重构，打通文化旅游行业产业链，实现旅游产业链上下游的延伸和扩展，推动旅游产业格局的整体改变及产业组织的重新建构。

（2）商业模式受限

技术融合使传媒产业的边界日渐模糊，传媒业的外延不断扩大，传媒业与文化产业的交叉和融合更加深入，并不断催生新的商业模式。但目前，国内传媒集团与旅游机构的合作上，大部分仍限制在宣传资源和旅游资源的互换分享，媒体主要为旅游项目提供广告宣传与活动策划。宣传优势是传媒与旅游融合的重要优势，但传媒集团涉足旅游行业仍有许多资源可以挖掘，可以将触角伸向更广阔的合作空间，将产业链和盈利点从服务领域向内容领域拓展，通过突破产业链界限促进产业集聚，增强盈利能力。

三、传媒集团发展旅游业策略分析

（一）传媒集团涉足旅游产业的商业模式的创新

1. "传媒+旅游地产"模式

旅游地产是随着旅游业不断发展而崛起的一种物业开发模式，其核心是通过建设和运营房地产项目来满足人们度假、休闲等旅游需求。该模式将投资和消费结合起来，利用城市景观等优势资源进行开发，旨在创造更好的旅游体验和经济效益。旅游地产有以下特点：一方面，能够同时获得长期稳定回报和快速回收资本的优势；另一方面，可以实现持续的现金流和短期销售的双重收益。这种模式的成功关键在于低成本土地与高成本配套设施之间的高度融合。具体而言，高尔夫球场同相关别墅区、主题公园等领域是实现这种模式的经典案例。

近年来，传媒集团涉足房地产开发的案例不胜枚举。博瑞传播旗下全资子公司博瑞麦迪亚置业公司正式进军创意地产，被定位为文化产业孵化平台的创意成都项目正式亮相；凤凰传媒通过文化地产名义低价拿地，在全国各地力推文化Mall项目，其中，苏州工业园区已正式运营；时代出版投资1.5亿元打造文化地产项目时代数码港。鉴于地产项目与传媒主业截然不同，一些传媒集团在进军地产项目时陷入了很大的困境并带来巨大的经济损失。传媒集团可将旅游产业作为文化产业和房地产产业之间的缓冲地带和链接地带，深入挖掘地产项目的旅游、文化价值，合理配置各种资源，通过旅游行业的知名度和传媒公司的广泛宣传，推动了房地产销售的增长，这些销售收入可以为旅游产业与传媒产业给予资金基础，最终实现三者相互促进，共同受益的局面。

2."传媒+文化旅游"模式

（1）城市旅游

城市旅游形象是一座城市在人们心目中综合形成的大众认同的、独特的、使之区别于其他城市旅游的较稳定持久的总体印象和评价。从城市旅游形象内容看，可分为物质表征和精神表征。物质表征主要包括旅游资源及其产品、旅游交通、旅游配套设施、环境卫生、旅游人才等。精神表征包括旅游的口号、宣传、旅游标志物图徽或图腾，还包括当地人对旅游的认识程度以及旅游管理措施、旅游服务等，当城市精神价值进一步提升和丰富时，这就可以成为城市的精神特质。这种特质通常是长期积累的旅游文化成果之一。简言之，旅游形象是提高旅游城市的声誉和吸引力的方式，它是城市的一项重要无形财富，也是城市旅游品牌的一部分。包装城市旅游形象和挖掘城市文化底蕴是传媒的一个强项。传媒公司可以与政府合作，共同进行这些工作，进入城市整体旅游资源规划、开发、推广等领域。

（2）文化旅游

通过举办艺术节、音乐节、影展等规模性的活动拉动当地旅游，是国内外文化旅游的重要形式。这些艺术节除了拉升城市形象，还给当地创意产业带来正面的影响。国际上的知名艺术节大都与城市的文化历史有着渊源。例如，奥地利萨尔茨堡因为是莫扎特的出生地而成为音乐重镇，加上奥地利传统的音乐文化积淀，萨尔茨堡音乐节应运而生；德国的拜勒伊特音乐节也因为举办于瓦格纳的故乡所在地而闻名。国际知名艺术节之所以出名，一方面是因为有文化名人的参与和影响，另一方面是因为艺术氛围的作用，这两个因素都为艺术节的成功起到了关键作用。例如，英国的爱丁堡小城，随着来自世界各地的艺术家聚集此地并为游客表演他们拿手的节目，后来爱丁堡国际艺术节逐渐发展成世界最著名的综合艺术节之一。文化的历史与文化的氛围是艺术节生存的必要条件，中国许多城市也有着丰厚的文化历史以及艺术积淀，也打造了个性化的艺术节，但在文化市场氛围的营造以及艺术节规模上依然处于"初级阶段"。办好艺术节，除了必须具备鲜明的特色，体现城市的魅力，还要注重彰显艺术节的品牌形象，达到其标志性的品牌效应，而媒体正是助力艺术节举办及推广的重要手段。一方面，对于大部分观众来说，报纸、杂志、电视、广播，新媒体等仍是获得艺术节信息的主要途径；另一方面，各大媒体以各种不同的形式对艺术节进行报道，对于艺术节能起到很好的宣传作用。可以说，传媒集团在文化旅游市场上大有可为。

3. 传媒自主开发工业旅游

（1）创意园区

文化创意产业园区是一种规模稳定、可持续性强的产业集群。学者认为，传媒产业构建产业集群的主要目标是在文化产业的关键部分和周边领域中形成联系和合作，是在原有本业已饱和的基础上的一次创新。所有当地崛起的强势文化产业，都给传媒集团提供了强强结合的机会，它们聚会到一起形成园区，也是摆脱同质化竞争的一条出路，企业之间可实现资源互补及利益共享。

（2）媒体印刷博物馆

印刷是报纸生产流程中的重要环节，传媒集团一般拥有最先进的印刷设备以及经验丰富的印刷团队，传媒集团可考虑将印刷与旅游等产业相结合，建立印刷博物馆，弘扬中华民族辉煌的印刷文化。印刷博物馆主要展示印刷技术的历史和重要作用，包括各个时期的代表性印刷品、印刷机械以及与印刷相关的物品。通过这些展示,我们可以看到印刷术在推动文化进步、社会发展、知识传播、生产改进、生活提升与国际文化沟通上所扮演的关键角色。可面向社会各界特别是针对青少年推出独具特色的印刷工业旅游项目,推行"体验式"参观模式,将淘汰下来的旧设备用于展馆内,让参观者在参观印刷流水线后,尝试自己动手印制纸张,并在现场得到自己印制排版的个性化报纸。

(3)青少年基地

传媒集团可利用资源优势,与政府教育部门合作建设青少年教育基地。教育基地面向中小学生,招募具备一定基础条件的"小记者",参观报纸生产制作各环节,了解媒体运作,并由资深编辑、记者讲授社会新闻观察、传统文化评述、新闻报道采写等课程。此外,还可以组织体验式的活动带领青少年参与社会实践,通过实地考察以小见大学习了解报纸各板块内容呈现的社会现状。例如,实地考察政府部门工作流程了解社会时政,到企业、工厂实习了解经济运行等,为青少年定制职业体验课程,如到图书馆当小管理员,到咖啡馆当小服务员,到幼儿园当小老师,跟着发行员送报纸,跟着清洁工打扫卫生,并可在寒暑假组织青少年营,到国内外新闻媒体参观、到大学新闻系旁听等。

(二)传媒集团涉足旅游产业的投资方式的选择

1. 合作

政府在旅游业发展中起着举足轻重的作用,决定是否能够创建一系列的优惠政策,包括财政、税收、融资等方面,来改善投资环境。同时,也要对城市当中的基础设施建设进行加强,提高城市旅游形象的宣传力度,还要加强旅游法律法规的制定,对旅游产业链各环节的长远发展至关重要。传媒集团可利用政府关系优势,通过与政府部门合作的方式,获取最新信息及优惠政策,发展旅游融合事业。例如,可与政府签订战略协议投资开发旅游目的地,与各地旅游局合作策划招商推介活动,通过自己的资金与资源去投资和开发旅游文化演艺等。

2. 并购重组

根据海外传媒行业的实践,传媒企业发展的一个核心策略是借助进行重组与并购来扩大规模、增强实力。现在,由于国家政策鼓励并购,以及国有企业改革不断推进，促使传媒行业正在迎来一波大规模的合并和收购潮。数据显示，2013年我国传媒行业上市公司并购21起，并购金额327.84亿元；2014年，上市公司并购34起，并购金额988.00亿元；到2015年并购数量增至52起，并购金额高达1544.59亿元。但随着2016年监管收紧，传媒行业并购大潮逐渐回落，2016年完成并购31起，并购金额898.01亿元，2017年完成并购22起，并购金额减少至599.47亿元，2018年传媒行业中上市公司完成并购仅5起，并购金额519.13亿元；多家上市公司如出版传媒、印纪传媒等主动终止多起重大资产重组事项，并购重组渐趋理性。2019年传媒行业中上市公司完成并购共5起，并购金额610.16亿元。2020年，共完成重大重组事件3起，并购金额115.50亿元，分别为哈高科定增收购电广传媒所持湘财证券99.73股权（多元化战略），科斯伍德定增收购龙门教育50.17%股权（多元化战略），宁波富邦收购常奥体育55%股权（战略合作）[①]。国有企业改革步伐在不断加快，传统媒体领域中的国有企业也将在未来加速证券化进程，这意味着越来越多的优秀国有媒体资产加入已经在股市上市的公司中。依托雄厚资金实力和集团母体的政策优势、丰富资源，传媒集团发展旅游业，并购重组的方式将是实现一体化的重要路径。

3. 合作模式

传媒集团通过与涉及旅游产业链"吃、住、行、游、购、娱"不同环节的旅游企业合作，实现资源共享是目前比较普遍的方式，这种方式仍属于传媒与旅游融合的初级阶段，大多为传媒集团与旅行社、酒店、航空公司、旅游局签订协议，在广告宣传策划、旅游内容介绍以及共同开发旅游产品层面展开合作。

4. 设分公司

对规模较大实力较为雄厚的传媒集团来说，成立旅游分公司或旅游事业部进军旅游业也是一种有效的路径。在这种方式中，传媒集团通过招募专业人才，组建专业旅游团队，由该团队通过投资、收购等方式介入旅行社、酒店景区、车队等旅游业上下游产业。

---

① 2013—2019年我国传媒行业并购重组数量、金额及增速情况[EB/OL].（2020-9-11）[2023-4-15]. https://data.chinabaogao.com/chuanmei/2020/0911514a52020.html.

四、传媒与旅游行业融合模式发展趋势及构想

（一）打通旅游产业链上下游

随着世界经济一体化的不断深入，企业能够站稳脚跟不再只是与内部的核心竞争力有关，而是要考虑其所处的地理位置，以及与其合作的伙伴们的综合竞争实力。就旅游企业而言，这一点更加重要。旅游产业具有独特性，要求多个企业共同合作，提供完整的旅游服务。因此，企业间的协调能力对旅游产业的竞争至关重要。现在，旅游企业之间的竞争不再是单纯的企业间进行比较，而是产业链间的对比。产业链的形成增加了旅游企业的竞争优势，与此同时，旅游产业内的不同企业之间建立的合作网络，也构成了一种进入障碍。借助业务整合，旅游产业链里的企业就能够在协同效应方面实现增值，在市场的竞争当中占据优势地位。

从狭义角度，旅游业包括旅行社、住宿、交通三个组成部分；广义上，旅游产业包括旅游吸引物、购物、餐饮、娱乐、金融、保险等，可以为满足消费者旅游所需的产品和服务提供有力保障；而更广泛意义的大旅游业组成部分包括公共服务部门、基础设施以及支持性行业，主要为旅游者以及旅游业提供水、电、医疗、环保、治安等服务，是旅游业得以快速发展的前提和保障。当传媒集团建设旅游产业链的过程中，应该对产业链的概念与其重要性有一个清晰的认知，全面把握旅游产业链的特征，基于以上并整合其企业的特色和实际状况，去科学地建立旅游产业链体系，在最广泛意义的旅游产业中拓宽合作领域，实现产业链各环节联动，形成规模效应，在竞争中占据主动。

（二）聚焦旅游新业态，力推文化旅游

1. 拓展旅游新要素

旅行社作为旅游活动的经营主体，是将时间上连续的旅游服务在不同的空间中连接起来，使游客从旅游客源地到旅游目的地圆满实现他们的目的。旅游经济的发展一方面是市场的扩大，另一方面是旅游资源、旅游项目、旅游线路的增加和丰富。如今，激发人们旅游的动机和体验要素越来越多，需要拓展新的旅游要素。传媒集团与旅游行业融合的过程中，可以在现有"吃、住、行、游、购、娱"

六大旅游基本要素基础上，发展"商、养、学、闲、情、奇"作为旅游发展要素或拓展要素。即商务旅游，养生旅游，修学、拓展旅游，休闲度假，婚庆、宗教朝觐等情感旅游，探险、探秘等探索性旅游。

2. 探索文化旅游

传媒集团凭借自身的文化内涵积累，在与旅游融合过程中，可以重点探索影视旅游与动漫旅游。国外影视旅游成功的要素包括准确的主题定位、优越的区位地理条件、富有吸引力和市场竞争力的衍生产品以及科学的管理和经营，缺一不可。一直走在影视旅游业发展道路前沿的美国电影主题公园之所以能够取得巨大的社会经济效益，原因就在于美国电影工业有着其他国家无法媲美的基础资源和一条集电影出品、主题游乐、图书出版、旅游纪念品开发于一体的完整产业链。其打造出来的电影主题公园通过运用创新的科技和新鲜的创意不断更新产品、优化服务和管理，始终保持着吸引力和新鲜感。在中国影视旅游的代表当属横店影视城，横店影视城的发展方式不仅对自身具有一定益处，同时也刺激与之有关的一些行业的发展，并带动了横店整体经济的繁荣。

这几年，随着欢乐谷和迪士尼乐园在上海的成功落地和运营，动漫旅游也渐渐进入人们的视野当中，并成为焦点。动漫旅游是以动漫资源为基础，通过深度开发与精心设计，打造出一系列具有特色和个性的旅游产品。动漫旅游是一种新型交叉产业，本质上是体验式旅游。它具有多方面的特点，趣味性、娱乐性、文化性、教育性十足，同时广泛吸引游客群体，也具有针对性的吸引力。以动漫游戏为主题的文化旅游项目，通常采取不同的开发模式。例如，动漫主题公园式融合发展模式、旅游资源动漫化融合发展模式、动漫产业园区景点化发展模式以及动漫游戏会展节庆式发展模式等。

3. 通过并购实现强强联合

纵观近年旅游市场，并购事件屡屡发生。无论旅行社还是酒店，受到在线旅游企业的竞争压力，为了适应市场，传统旅游经营模式均先后进行了改进，旅行社、酒店行业免不了会出现合并与重组的情况。对于旅游企业而言，为了能够增加营业收入收购才是最佳方法。它不仅有助于增加市场份额，还能够帮助企业朝着品牌化发展的方向迈进。收购南苑股份时，首旅酒店就表明他们的发展战略是

"品牌+资本"。在并购大潮中，具备规模的传媒集团，尤其是上市传媒企业可以寻找机会，与旅游企业实现强强联合，通过品牌效应扩大市场份额。

而国家政策方面也给予了传媒企业大举并购旅游企业的机会。2014年，国务院发布了《优化企业兼并重组市场环境的意见》，其中提出了加速审批制度改革的要求。一方面削减下放部分审批事项，另一方面对审批流程进行了简便化。根据《国务院关于促进文化创意和设计服务与相关产业融合发展的若干意见》（以下简称《意见》），旨在明确文化行政部门需要采取的具体措施，以适应文化创意与设计服务同实体经济融合发展的新的发展方向。据业内人士透露，传媒企业在发展过程中，通常会以重组并购为主要策略，以借鉴海外传媒行业中的一些经验，实现企业的规模扩张与业务壮大。发布《意见》为传媒企业扩大规模和增强实力提供了更便捷的途径，从资本市场的视角来看，这对整个行业的长远发展十分有益。除此之外，全部的传媒体行业当中的上市公司具有较低的负债率，具备并购、扩张的潜力，并且有基础进一步增强和扩大资本运作的能力。

4. 瞄准在线旅游市场

随着互联网的发展，订票方式已经从线下转向线上。因为线上服务的方便性，很多人第一需求上都是选择在线旅游服务平台。2020年受到大环境的影响旅游行业较为低迷，2021年国内旅游行业收入有了显著增长，达到了2.92万亿元，比上一年增长了30.94%。在这里面，在线旅游市场的份额在1.33万亿元左右，相比上一年增长了34.8%，线下旅游市场的份额在1.59万亿元左右，相比上一年增长了54.4%。在线旅游市场在过去的五年中持续增长，从2016年的占比23%提升到了2021年的占比46%，说明该市场的增长势头强劲。

中国在线旅游平台行业高度集中，CR5占比高达92.8%。按成交额来算，2021年在线旅游行业中，携程旅行以36.3%的市场份额占比第一，美团、同程市场占比略提升，分别占比20.6%、14.8%，同程旅行凭借微信端流量导入实现快速稳定增长。其后去哪儿旅行市场份额达17.5%，飞猪旅行占比7.3%[1]。

传媒集团可以瞄准这块市场，分食在线旅游蛋糕。传媒集团凭借多年的读者

---

[1] 2022年中国在线旅游市场现状及行业竞争格局分析[EB/OL].（2022-10-9）[2023-4-15]. https://www.toutiao.com/article/7152452764424110626/.

资源积累，拥有庞大的用户数据库储备，对这些数据库进行有效的开发管理、维护，可以在在线旅游市场上有所作为。在大数据的旅游融合时代，大数据可以精准地找到目标受众，而在移动生态下，消费者的行为也发生了变化，其中包括需求的即时化、决策碎片化、消费的场景化，以及交互的多媒体化。传媒集团与旅游企业的融合，正可以利用数据库对用户进行市场细分，针对不同年龄层次、不同知识背景、不同性别、不同兴趣爱好等，向其推送不同的旅游产品；而融合了航空公司、酒店、景区、租车公司和海内外旅游局等资源的旅游企业可以为这些细分后的客户群体提供相对应的旅游服务。

第五节 传媒产业与创意产业融合

文化创意产业在促进经济发展方面作出了巨大的贡献，依照其规模与水平能够在一定程度上去判断国家与地域的综合实力。在政府的政策扶持下，文化创意产业拥有非常大的发展空间。新闻出版是文创产业的重要组成部分。包括传统媒体在内的文创产业，正在由单一产业振兴转向与新时代相适应的融合发展新模式，并逐步发挥出深层次的潜在功能和优势，在与现代科技（如互联网）和其他产业融合中，产生新的活力并价值倍增。

一、文化创意产业定义及发展现状

（一）文化创意产业定义及行业范畴

在世界经济化的大环境中，文化创意产业是一种正在崛起的新兴产业，其核心是创造力。该产业突出强调借助个人或团队的技术、创意与产业化的方式来推广并开发特定的主题文化与文化元素，从而营销知识产权。1998年发布的《英国创意产业路径文件》首次提出了创意产业的概念，它指的是那些依赖于创造力、技能与天赋，并让企业得以发展，还有部分借助着开发的知识产权从而赢得利润和就业机遇的活动。不同国家对文化创意产业的概念上存在差异，同时被叫作文化产业等。根据 R. 凯夫斯（R.Caves）的文化经济学观点，创意产业是指提供具有广义文化、艺术或仅仅是娱乐价值的产品和服务的产业。

在带动经济发展方面，文化创意产业是主要动力，文化创意产业的质量也已成为评估一个国家或地区综合实力的重要衡量指标。根据《"十四五"文化发展规划》，在新的发展时期，文化被认为是重要的一部分。为了达到全局工作的要求，必须在"五位一体"总体布局和"四个全面"战略布局的协调推进下，将文化置于核心建设位置。这需要通过文化去带动社会的风气，才能对人民起到一定的教育作用，推动社会的发展。引领风尚、教育人民、服务社会、推动发展。为了实现高质量发展，我们必须落实新发展理念，构建全新的发展格局，并加强文化领域的发展。这意味着我们需要加大对文化产业的支持与投资，将文化的作用充分发挥出来，促进发展动力与水平，推动经济结构升级。为了能够和中国社会主要矛盾相匹配，满足人民日益增长的美好生活需要，促进人的全面发展，我们必须注重文化建设，进一步促进文化体制改革，增加对高质量文化的供给，让群众在精神文化方面得到更好的满足。

（二）国内外文化创意产业发展现状及趋势

1. 全球文化创意产业发展现状及趋势

自20世纪90年代以来，全球文化创意产业发展迅猛，市场规模不断扩大，已经是发达的国家中促进经济增长和打造国际形象的重要途径。其对经济增长和增加就业的贡献不断增强，已成为许多发达国家支柱产业之一。

在世界文化创意产业中，发展呈现明显的不平衡状态，其中美国、英国、中国、日本和韩国等国家成为该产业的主要发展中心，而其他地区的发展相对较为滞后。

美国在全球经济中具有很大的影响力，其文化创意产业一直保持在全球前几名。在美国的文化创意产业经济中，由好莱坞电影基地创作的电影、国家广播公司、美国广播公司与哥伦比亚广播公司所制作成的电视节目，以及时代华纳等知名度高的音乐唱片公司制作的流行音乐，是最主要的贡献者，占据了大部分市场份额。

英国有着独属于自身的特色，政府在这方面也给予了重大的支持，一定程度上推动了发展。英国的文化创意产业规模庞大，在英国产业中排名第二，为众多的失业人员提供了出处。在过去几年间，英国在软件领域与广告电视领域中有了很大的进步，从而对文化创意产业的规模产生了积极的影响和推动。

日本最典型的文化创意产业为动漫产业。随着日本动漫产业的发展与传播，世界各国电影电视及网络媒体上播放的动漫节目大部分都来源于日本，这也极大地带动了日本文化创意产业的发展，使其逐步成为日本第二大支柱产业。

2. 我国文化创意产业发展现状及趋势

随着经济和技术的不断发展进步，文化创意产业主要突出创新、创意两个特征，成了国民产业经济发展的重要内容，占据了经济发展的重要份额。我国也开始高度重视发展这一新兴产业。国家首次提出"文化产业"的概念是在第十个国民经济和社会发展五年规划中，纲要要求"完善文化产业政策，加强文化市场建设和管理推动有关文化产业发展"。

在文化创意产业中，内容创意产业是其中的关键部分。它是核心内容创新的一种革新形式，更多看重的是内容。在生产设计制作步骤和营销推广管理步骤上，均需要注重内容的质量和价值。在文化创意产业链中，内容的原创与独特性是至关重要的，这也是产业链中最赚钱的部分。

文化创意产业链中游为生产设计制造产业，产业链下游为渠道开发与整合、拓展衍生产品。

在现代服务业领域，作为一种形成时间相对较晚、发展要素较新的产业形式，文化创意产业有很强的发展潜力和活力。文化及文化创意产业增长迅速，前景可观。在我国，2021年全国6.5万家规模以上文化及相关产业企业实现营业收入119 064亿元，较2020年增加20 550亿元，同比增长20.86%，增长空间广阔[①]。

我国文化及相关产业营收的不断增长带动我国文化创意设计营收的增长，据统计，2016—2021年我国文化及其相关产业营业收入由80 314亿元增长至119 064亿元，规模以上文化创意设计营业收入由9854亿元增长至19 565亿元，占比由12.9%提升至16.4%。文创产业蓬勃发展下文创企业大幅增加。数据显示2016—2021年我国文化创意产业相关企业注册量由2015家增长至10 955家。目前我国文化创意产业相关企业总量超3.6万家[②]。

文化创意产业是一种相对新的产业形态，这几年，在政府和相关部门的协同合作下，得到了蓬勃发展。它的领域不断拓展、规模不断扩大、从事其行业的人数不断增多。

---

① 2021年中国文化产业发展现状分析：营业收入达119064亿元[EB/OL].（2022-2-19）[2023-4-15]. https://www.toutiao.com/article/7066228601892405768/?app=news_article&timestamp=1661320323.

② 2023年中国文化创意行业市场发展现状及发展战略规划报告[EB/OL].（2022-11-25）[2023-4-15]. https://roll.sohu.com/a/609877456_121025296.

总体来看，中国当今依旧是文化创意产业发展的早期阶段，此阶段的特点是多样化的新兴的文化创意业务大量出现，投资者拥有十足的兴趣，短时间下经济效益增长迅猛。为了确保全部行业能够实现长久性的健康发展，将来需要不断对文化创意产业的发展体制进行改进，并将其核心竞争力进行提升。这包括培育一批具备文化创意、创新能力、市场洞察力和运营智慧的典范性文化创意企业，将产业结构进行提升与完备。对于人才的培养，应该注重创新能力，始终坚守优秀的人才培育方案，并能与产业发展相匹配，能够持续性为其产业输送人才。在宏观经济调控上，需要在遵循市场自由运作的基础上，同时认识到政府在宏观调控占据的关键地位。政府应及时提供政策、财政支持以及公共服务，以支持文化创意产业规范健康地发展，变得更具高质量、精品化、特色化和创新性。在投融资上，需要制定适当的进入标准，用来提升投资的有效性。必须确保市场资金流向的平衡，防止在一个领域中投入超标资金，进而保证产业持续和良好的发展环境。

二、传媒介入文化创意产业可行性分析

（一）文创产业呈转型和融合发展趋势

近年来，我国积极出台促进文化创意产业发展的各项政策，社会力量投资文化创意产业热情高涨，文化创意产品和服务逐渐丰富和多样化，并且不断融入科技创新元素。随着大众文化自信力提升，国潮兴起，国民对国货展现出了极大的兴趣。而文创IP本身就是国潮文化的代表，数据显示，在2020年，仅上海文创产业的全年总产出就超过了2万亿元。2021年，全国规模以上文化及相关产业企业营业收入达119 064亿元，比上年增长16.0%，两年平均增长8.9%。分业态看，文化新业态特征较为明显的16个行业小类实现营业收入39 623亿元，比上年增长18.9%；两年平均增长20.5%，高于全部规模以上文化及相关产业企业11.6%。[①]

现代文化创意产业的发展，一方面借用地域文化和传统文化素材，以复兴传

---

① 搜狐网.2022年文创产品行业发展趋势及市场现状如何？[EB/OL].（2022-7-7）[2023-4-5]. http://news.sohu.com/a/564778136_398502.

统工艺为创新手段，恢复传统文化的 IP（Intangible Property，无形产权），另一方面借助现代科技融合手段开发新产品，进而推动文创产业链的发展。特别是数字技术、网络技术、大数据、云计算、虚拟现实等现代科学技术的发展，以及移动 App、网络视频、微信等传播工具的推陈出新，为现代文创产业的融合发展开拓了思路。现阶段我国文化创意产业正进入转型与融合发展新阶段。

伴随相关配套政策的出台，将进一步促进包括传统媒体在内的文化、艺术、创意设计、动漫影视、新媒体等文化创意产业，与其他产业融合发展，由此带动产业升级和价值增值。

（二）政府和市场共同推动文创产业发展

国际上发达国家采取"政府支持、法律规范、市场运作、行业自律、企业自主"的协同模式，激励企业自发选择新兴产业，促进产业自发集聚并形成有机联系的产业链和价值链。我国各地党委宣传部已成为推动文创产业发展的重要力量，而政府的相关行政或经济部门也"齐抓共管"，目前正在形成"北京模式""上海模式""杭州模式""深圳模式"，进一步培育和强化市场机制及市场主体的作用，逐步探索以企业内生动力为主的政府与市场协同驱动模式。

在网络和数字技术高速发展以及文化创意产业繁荣兴盛的时代大背景下，继"文化+科技""文化+金融""文化+旅游"模式之后，探索和创新"文化+媒体"模式，传统媒体与文化创意产业融合发展，将是未来解决传统媒体生存与发展问题的有效途径和出路之一，也是继传统媒体与新兴媒体融合发展之后，未来媒体融合发展的另一个重要方向。

在文化创意产业发达的城市，深圳报业集团、浙江日报报业集团、羊城晚报报业集团、《时尚芭莎》杂志等媒体机构，已在文化产业园、文化会展、文创平台、电商平台、动漫游戏等文创产业的不同行业领域，进行了融合发展先行先试的探索。未来一段时期，传统媒体与文创产业融合发展的案例与商业模式创新也将越来越多。

（三）媒体融合发展成为我国文化产业发展的新动力

在当前信息时代的浪潮中，媒体融合发展已成为不可逆转的趋势。新媒体的快速崛起和广泛应用,给传统媒体带来了巨大的冲击和挑战。在信息技术、互联网技术快速发展和社会需求不断变化的背景下,媒体融合取得了显著成就,具体表现在以下几方面:一是技术融合与创新。媒体融合发展借助互联网、大数据、人工智能等先进技术,实现了媒体内容的跨平台传播和互动交流。同时,催生了新媒体形态,如移动互联网、社交媒体,短视频等,这些新的媒体形态不断创新和推陈出新。二是内容融合与多元化。媒体融合发展使得传统媒体与新媒体之间的界限越来越模糊,媒体内容的传播渠道变得更加多元化。传统媒体借助新媒体平台扩大了内容的传播范围和受众群体,开辟了丰富多样的内容形式。三是行业整合与合作模式。媒体融合发展推动了传媒行业的整合与合作。传统媒体与新媒体、互联网企业等合作,共同开展内容生产、传播和营销,形成了多方合力。同时,传媒企业积极进行内部整合,加强各媒体平台的协同发展。四是用户参与和个性化服务媒体融合发展推动了用户参与程度的提升。用户不再只是被动接收信息的对象,而是参与内容制作、传播和评论的主体。媒体平台根据用户的兴趣、喜好和需求,提供个性化的内容推荐和服务,优化、提升用户体验和满意度。

促进传统媒体与文化创意产业相关行业领域的融合发展,将推动传统媒体由单一产业振兴转向与时代相适应的与其他产业融合发展的新模式,发挥传统媒体深层次的潜在功能和优势,构建传统媒体新的传播关系和新的业务空间,通过"传媒+创意"融合发展,不断提升文化创意产业的内在张力和外在传播力,使其焕发新的活力和内生动力,同时整体带动我国传媒行业的转型升级和价值增值。

三、国内传媒与文化创意产业融合发展探索与实践

目前,"跨界融合"已成为我国文化创意产业发展的主流。受互联网和移动互联网冲击,传统媒体,尤其是报纸媒体面临转型发展的压力,我国各地媒体正在积极探索与文化创意产业跨界融合发展的新领域。

(一)传媒和文化产业园

羊城晚报报业集团的羊城创意产业园,由原广州化纤厂旧厂房改建而成,目前已吸引40多家设计公司、艺术家工作室和文化机构进驻,每周都有各类展览、

交流会以及其他围绕着文化、艺术与创意的主题活动，成为"广东省第一批文化产业示范基地"。宁波日报报业集团投资运营的宁波书城是当地重点创意产业项目。湖北日报将旧印刷厂改造而成的楚天181创意产业园已经吸引了一大批文化创意企业入驻。成都传媒集团更是大手笔规划，利用媒体优势，争取政府支持，规划了东区音乐公园、熊猫小镇、东区魔方等一系列大型文化产业项目，形成了其独具特色的传媒与文创产业园融合发展模式。

（二）传媒和文交所

文交所是文化产权交易所的缩写，它的主要任务是帮助文化产业进行买卖和相关的投资融资活动。这有助于不同行业、地区和企业之间的文化资源更好地流通，推动文化产权的交易、公司改组、资产整合、融资合并以及将创意变成实际成果。文交所提供了一个综合服务平台，使文化领域与资本、市场和科技之间能够更紧密地协同发展。它坚守的原则为"公开、公平、公正、规范"。它的主要任务是帮助人们交易各种文化产权，如文化物品、股权等。它提供了各种服务，包括政策咨询、发布信息、进行产权交易、介绍项目、评估权益等。文交所为不同类型的文化产权交易提供平台与专业性的服务，同时也提供人才培训等多方面的综合服务。

（三）传媒和文创平台

深圳市政府批准成立深圳市创意文化中心，牌子加挂在深圳报业集团，深圳报业集团成为深圳"设计之都"品牌运营机构。深圳报业集团依托联合国教科文组织创意城市网络，积极推动深圳与其他国际创意城市之间进行跨国文化创意和设计服务领域交流合作活动，实施多项国内外文化创意交流合作项目，如2013年承办联合国教科文组织创意城市网络深圳创意设计新锐奖，2015年承办深圳创意设计七彩奖等。深圳报业集团在"传媒+创意"融合发展方面先行先试，得到了联合国教科文组织、国际创意城市网络及国内文化创意及设计服务业界的高度肯定。

（四）传媒和电商平台

时尚集团旗下《时尚芭莎》杂志与阿里巴巴旗下天猫事业群达成跨界合作，

双方把网商、营销平台、设计师、明星资源集中整合,由天猫推荐原创品牌商家,《时尚芭莎》提供一线设计师,为中国消费者提供独立设计,在天猫平台限量发售。2014年8月天猫与时尚集团达成战略合作,新品首发以时尚大片及时装秀的形式呈现给天猫消费者。随后《时尚芭莎》做了12场线上秀,在天猫3天成交额达50亿。2021年,天猫和时尚芭莎再度合作,时尚芭莎为"天猫超来电"打造专属概念大片,展现了各种新潮电子产品深度融入未来人生活的不同场景,跨界联合为商业品牌促销,凸显"传媒+创意"模式的发展活动。

(五)传媒和动漫游戏

2013年3月,浙江日报报业集团斥资32亿元收购拥有3亿注册用户、2000万活跃用户的边锋、浩方网络游戏平台,成为浙报集团打造全媒体产业价值链的里程碑,开创了国内传统媒体以新闻资讯为核心的综合文化服务创新之路。根据浙报传媒2015年年报,在游戏板块方面,该公司继续以杭州边锋和上海浩方为核心,加快数字娱乐平台建设,其中杭州边锋、上海浩方在激烈的行业竞争中继续保持高速增长,顺利完成3年承诺利润,2015年游戏板块实现利润4.02亿元,占公司利润比例达45%。此外,公司还在保持原有游戏内容优势的基础上,加大力度进军数字娱乐产业链中的渠道、移动阅读等领域,完善公司游戏板块从源头IP到渠道、内容的一体化产业链布局。

四、传媒与文化创意产业融合发展途径与策略

结合文化创意产业发展趋势和现有媒体融合发展案例,传统媒体与文化创意产业融合发展有以下六种途径和策略:

(一)整合优质资源

传统媒体在与文化创意产业融合发展中,可以充当文化创意产业的供应链、价值链或服务链的资源整合者,在文化创意不同的行业领域、针对不同的用户群和需求,开发和提供相关专业服务将大有可为。传媒有效调集媒体平台创意文化平台资源,形成整合优质产业资源的能力,加快产业要素向传媒集团汇聚,推动

创意产业形成自己的特色，在区域乃至更大的范围形成品牌优势。此外，在传媒集团强大整合资源能力的作用下，有步骤启动规划项目。推动优质人力资源、产业资源、投资资源向传媒集团进一步汇聚。通过项目拓展，积累产业运营经验，形成创意文化产业项目、产业基地运营管理模式，有效输出管理，通过多种手段，整合资源，实现项目规模化、业务多样化、效益最大化。成都传媒集团、浙江日报报业集团等都探索了成功经验和成功模式。

（二）寻求政府支持

文化创意产业是一个投资大、回收期长的产业，需要政府的支持，特别是在土地及公共设施建设方面，需要政府站在城市长远发展的高度，给予特别扶持。唯有这样，文化创意产业才有生存发展的基本条件，才能轻装上阵，开花结果。例如成都传媒集团在文化创意产业板块，就得到了政府在用地及资金方面的极大支持，其东区音乐公园项目，总占地面积约38.7万平方米，其中原旧厂区约25.3万平方米，政府不仅将项目用地无偿划拨给成都传媒，而且将用地邻近约7.87万平方米地块拍卖收益10亿元全部转交传媒集团，用于项目改造运营资金。

（三）创新体制机制

媒体与文化创意产业融合发展开拓的新业务和新项目，可建立和实施政府和政策引导下的市场化运营机制，用市场手段配置资源、拓展业务，用市场机制强化运营、创造效益。对于传媒与文化创意产业融合的具体项目，在项目运作前，就应考虑体制机制的创新问题。首先，建立现代企业制度。按照现代企业制度运作，建立产权明晰、权责明确、管理科学、自我约束的管理体制和运行机制。其次，创新投融资体制。可引入战略投资者，不仅弥补自我开发的资金不足，而且推动管理优化。特别是按照现代企业制度运作，为未来进军资本市场打下良好基础。再次，创新运行管理机制。项目按照企业化运作，完全实施企业化的运行机制，在用人机制、分配机制、激励机制等方面强化创新，通过创新机制推动项目高效运行。

（四）引进多方融资

传统媒体进军文化创意产业，开拓新的发展空间和业务领域，直接投资或并购企业需要大量的资金支持，根据"十三五"期间文化产业发展的部署，在文化领域国家支持鼓励私人进行投资，同时着力加强文化产业的投融资系统，以确保文化产业不断有资金进行投入，推动它更好地创新和发展。传媒在与文化创意产业融合过程中，可向政府、银行、基金、风险投资、天使投资、合作伙伴等多方、多渠道融资，满足传统媒体与文创产业融合发展新业务、新项目的资金需求。

（五）拢聚专业人才

创意产业的核心资源是人们的创新思维，它是通过个人思维和社会文化相互交流沟通而产生的。创意产业项目，不仅仅是具备创意设计的建筑形式或产品内涵，还必须拢聚一批城市创意产业圈的精英，特别是对创意产业园来说，要营造出一种富有特色的创意生活氛围。尽管报业作为传媒之一环，同属创意产业领域，但隔行如隔山，对一般传媒集团来说，内部既懂得宏观把握、又熟悉微观操作的创意产业领域的人才并不充足。解决的办法建议首先通过筛选传媒集团人才库，遴选出一批对文化创意产业运营有热情、有基础、有想法的骨干进行有针对性的培养；其次可以通过猎头公司留意寻找未来合适的创意产业领域执行人员。

（六）开辟多元业态

按照文化和旅游部关于促进文化产业结构的优化的计划，国家将在"互联网+"的基础上，积极推进新兴文化产业，如动漫游戏等，积极促进发展依赖于先进科技的新型文化产业。传媒在与文化创意产业融合过程中，应重点关注一些新型行业，积极开辟多元化业态。

1. 网络直播领域

智能手机的普及、4G技术的完善，以及手机阅读习惯的形成，为网络直播的生产和消费创造了条件。网络直播领域已经成为时下互联网巨头争抢的目标。2016年，腾讯大举布局直播领域，3月投资斗鱼TV，4月推出腾讯直播和企鹅直播，5月将直播功能添加到新版QQ空间中，除了腾讯、乐视、芒果TV、暴风影音、光线传媒、聚美优品等各大公司都纷纷参与其中，推出了各式各样的直播App。数据显示，2021年我国网络表演（直播）行业市场规模达1844.42亿元。在市场主体方面，截至2021年末，具有网络表演（直播）经营资质的经营性互联网文化单位有7661家，截至2022年6月，MCN机构数量超24 000家（以企业营业执照数量计算）。主播和用户方面，报告数据显示，截至2021年12月，我国网络表演（直播）行业主播账号累计近1.4亿，截至2022年6月，曾在直播场景下有过任意付费（打赏和直播购物）的用户账号数量累计约为3.3亿个[①]。这样一个庞大的市场，对投身文化创意产业的传媒集团来说，是一个值得重点关注的领域，一方面，网络直播的受众正是传统媒体力图抓住的年轻群体，通过涉足网络直播，可以丰富媒体读者群，另一方面，传媒集团强大的宣传能力和影响力，也为其在群雄混战的网络直播市场提供了极佳的竞争条件。

2.信息服务

现阶段文化产品和服务的生产者和消费者之间存在"信息不对称"问题，同时在网络发达的背景下各类信息具有"海量"和"碎片化"特点，小众化、个性化、价值化的信息服务有巨大的市场需求。传统媒体拥有丰富的宣传平台资源、记者编辑和评论人才队伍，近年又在积极与新媒体、新科技融合发展，在信息服务方面有巨大的发展潜力。因此挖掘媒体宣传优势和信息服务潜力，针对文化创意产业不同行业领域的生产商、服务商和消费者，利用新媒体和新技术，开发和提供不同层次的多元化的新闻资讯和信息服务产品，这是传统媒体与文化创意产业融合较为可行的策略选择。

3.动漫产业

新兴产业当中，动漫产业在我国最被看好，最有发展潜能。近年国产动漫发展迅速，带动了周边产品、同人作品、衍生物等多条产业链的快速兴起。在2015年，中国动漫产业迎来了重要的发展阶段。动漫产业的内容生产能力得到了显著提高，总产值超过了1000亿元。并且，二次元文化受众也迅速增长，达到了5000多万用户，泛二次元文化的影响已经扩展到了超过1亿人。[②]随着"Z世代"年轻人逐渐成为消费的主力，我国动漫以及周边产业迎来了快速发展。在2020

---

① 2021年底我国网络表演（直播）行业市场规模达1844.42亿元，主播账号累计近1.4亿[EB/OL].（2022-8-10）[2023-4-15]. https://www.163.com/dy/article/HEEFUBHK0552C2FY.html.
② 中国动漫产业破1000亿，"互联网+动漫"模式成主流[EB/OL].（2016-5-26）[2023-4-15]. https://www.gameres.com/660854.html.

年，中国的动漫产业取得了 2500 亿元的产值[①]，这标志着行业达到了一个重要的发展目标。这也表明，中国的经济与市场环境为国内动漫产业的高速增长提供了坚实基础，动漫市场具备非常大的发展空间。随着越来越多的动漫知识产权的出现，动漫用户和动漫市场具有很大的增长空间。文化和旅游部将动漫内容限定为弘扬社会主义核心价值观的动漫项目，说明了国家越来越看重动漫产业的内容输出，也为未来动漫产业指明了发展方向。传媒集团进军动漫产业，可从动漫内容开发环节进行把控，并利用资源整合产业上下游，打通产业链，探索有效可行的传播模式及盈利模式。

---

① 2020 年我国动漫产业实现 2500 亿元产业产值规模目标，国潮回归是动漫产业发展的新契机 [EB/OL]．（2021-5-22）[2023-4-15]. https://www.chinairn.com/hyzx/20210522/144443520.shtml.

第六节　传媒产业与科技产业融合

眼下，媒体融合发展进入关键期，任务艰巨，真正做到"融为一体"需要我们精准发力，强化技术驱动，抓紧建立媒体技术的孵化创新机制，探索建立多样化技术合作共享平台，通过广泛的跨界合作，推动媒体融合加速发展。

一、传播技术及大众传播的高科技化

从时间角度来观察，传播技术的发展历程较容易被我们发现。人类的通信方式经历了漫长的历史。从文字经历了数千年才发展到印刷术，再到几百年后发明了电报和电话，摄影与电影技术也随之出现。而后不久，广播与电视也相继问世。电视之后，就是电脑了。人类进入无孔不入的互联时代。当前，数字技术和通信技术的融合已经成为传播技术发展的主要趋势。尽管我们不可以仅仅通过硬技术决定论的角度，去评估传播技术会对传媒产生何种变化，但也不可否认传播技术的进步确实推进了传媒的发展。21世纪之后，传播技术进展迅猛，可以说是日新月异。就在传播学者仍旧探讨互联网技术的过程中，各式各样的新技术就开始如雨后春笋般出现了。手机短信出现了，手机微信出现了，微信公众号出现了……大众传播与极具个性化的"自媒体传媒"之间的竞争与距离，既非常激烈又异常接近了。

"技术"在希腊文的词根为"tech"，用来描述的是一个人所具备的特定技能或技巧。初期，"技术"一词通常用来说一个人的手艺或者是技巧，还包括家庭代代相传的秘方与工艺。之后随着时代的发展，技术的范围涵盖变大，也更为广泛和复杂。"技术"与"科学"这两个词有着密切的联系，但它们之间存在着差异。技术基于科学的发展而来，它更注重实际应用，当科学知识被用于实践过程中，并作为具体的工具时，我们就将其视为技术。从这个角度来看，传播技术本身是传播学研究的核心领域，而那些对传播技术发展产生影响的科学方面却基本上不是传播研究的关注点。在《科技发展与传播革命》（吴廷俊教授主编）这本书中，对传播技术的理解："所谓传播科技是指支持传播活动进行、推动信息产业发展的科学技术。"广义的传播技术是那些促进人类传播活动的技术，但不是全部的传

播技术均能够归类为传播媒介。具体来说,大众传播技术主要包括对媒介信息的记录、处理、存储、传输、显示、管理等直接应用于典型传媒的相关技术。

(一)机械印刷术开启报媒的繁荣

人类运用笔墨纸砚,开启了漫长的个人书写时期,在古代,人们普遍采用榜文、告示等方式来传达信息。在大规模机械印刷术出现后,报媒以现代高科技印刷技术为基础,在极短的时间内实现了新闻信息的大量复制,使信息的大范围传播成为可能,从而开启了报媒的大众传播时代。

(二)无线电技术开启广播大众媒介时代

无线电技术的出现和发展,为声音的高速、远距和高保真传播创造了先决条件,人类必须依赖交通工具以及口头或书信才能实现信息交流的年代结束了。在1908年,在巴黎德福雷(美)创建了一座实验性的无线电站,并成功在埃菲尔铁塔上顺利完成了无线电音乐广播;在1916年,在纽约州曾建立了一个实验性广播电台,用于传播演讲、歌曲与音乐,同时还依照《纽约美国人报》提供的新闻摘要进行播送。这个广播电台记录了威尔逊总统与休斯竞选时的选票统计,标志着全球首次实现了新闻广播的历史性时刻。在1920年,得到西屋电气公司的协助,世界首家广播电台在宾夕法尼亚州匹兹堡正式获得了政府颁发的营业执照,并向人们播送节目。这一历史事件标志着美国商业广播(KDKA)电台的创立,也意味着广播电台从实验性质转向了实际应用,由技术探索逐渐演化为商业开发,它代表了一种全新的大众传媒媒介崭露头角。1920年是公认的全球广播业的开端。技术在不断发展,收音机有着广泛推广,广播迅速迎来了蓬勃发展阶段。研究数据显示,到了2003年,欧洲大陆当中公共电台频率已经有了400个,商业电台频率已经达到了5100个,年度收入接近100亿欧元,潜在听众达到5亿人。一半以上的欧洲人几乎每一天都会听广播,平均时长达到3小时。此时,美国的广播行业已经演变成为一个高度成熟的经济领域[①]。收音机市场渗透率高达99%,几乎每家每户、每辆汽车以及工作室当中都摆放着收音机。截至2002年底,在中国,

---

① 中国移动广播收听人数年增长20%[EB/OL].(2006-11-27)[2023-4-15]. http://tech.sina.com.cn/t/2006-11-27/07241257103.shtml.

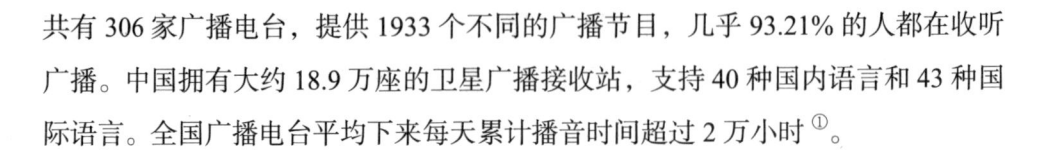

共有306家广播电台,提供1933个不同的广播节目,几乎93.21%的人都在收听广播。中国拥有大约18.9万座的卫星广播接收站,支持40种国内语言和43种国际语言。全国广播电台平均下来每天累计播音时间超过2万小时[①]。

(三)光电转换、显像管等技术催生电视传媒

电视是20世纪最重要的发明之一。电视问世以前,未有其他媒体能够像电视一样广泛地触及群众,并产生如此深远的影响。电视正式问世与初期发展阶段是20世纪的三四十年代。美国于1928年建造了首家试验性电视台。也是在这一年,电子析像管摄像机由菲洛·法恩斯沃斯于美国发明。1933年,美国科学家兹沃里金发明了一种摄像管,它不仅能实现光能与电能的转换,还具备了光电扫描的功能,这一发明极大地提高了电视技术的实用性和可用性。1936年11月,在伦敦英国广播公司成立了世界上第一个正式的电视台,标志着电视正式走向大众。所以说,1936年公认为电视业的开创之年。1939年9月,伦敦的这个电视台每周开始播放电视节目达到了24小时10分钟,工作人员也增加到了514人。不过,当时整个英国只有大约2万台电视机。随后,欧洲国家如法国、德国等也相继启动了自己的电视广播。1939年4月30日,在纽约的世界博览会上美国全国广播公司(NBC)旗下的实验电视台,使用每帧441行扫描线的技术,第一次借助电视对博览会开幕仪式(罗斯福总统主持)进行了直播,这一事件引起了广泛的关注。1941年7月1日,美国联邦通讯委员会对成立全国广播公司的纽约电视台WNBT进行了正式批准,标志着美国正式进入了电视广播时代。

在今天,有线网络技术、卫星传播技术、数字传播技术等一系列的高科技技术手段,将电视传媒推向更为广阔的发展空间。

(四)数字网络技术催生互联网媒介

基于IP技术的数字通信网、个人计算机终端、网络文件服务存储系统等技术的广泛应用,使得互联网媒体的理念变得普及和被广泛接受。最先提出计算机网络需求并实施计算机网络开发的是美国军方。网络科技的发展速度,从1990年

---

① 中国传媒结构与市场份额分析[EB/OL].(2016-10-9)[2023-4-15]. https://www.docin.com/p-1753960958.html.

到今天，是发展最为迅猛、最不可想象的。目前，各类数字网络技术的创新，依旧处于科技行业的最前沿，总的来看，网络技术的发展具备的特点为：宽带的不断扩展、宽带有线到无线再到宽带无线、网络接口日益人性化。网络宽带的持续增加是因为网络的使用人数变得越来越多。举例来说，腾讯QQ最初只支持文字聊天，随着互联网的发展，客户不满足于单纯性的聊天功能，因此增加了语音聊天，接着又引入了视频聊天功能，以适应不断变化的用户需求。互联网大众媒介、移动互联网大众媒介等的大量出现，从传播关系的角度来看，它们直接颠覆了传统的大众传播中的传播关系。

（五）数字传播技术催生新兴媒介群

在数字传播技术的推动下，涌现一大批基于手机、移动终端等新媒介——微信公众号、App客户端、微信朋友圈等。这些新媒介，主要以数字传播技术为支撑，新的数字传播技术，赋予新媒介一个相对稳定的属性，那就是无障碍的"互联与互动"。

数字传播技术是数字技术的一部分。数字技术是一种使用0和1这两个数字来进行编码去处理与传输信息的技术，它利用电子计算机、光缆等设备来实现信息的传递和处理。

数字技术一般包括数字编码、数字压缩与存储、数字传输、数字调制与解调等技术。数字传播技术等同于数字媒体技术。数字媒体技术是实现数字媒体的表示、记录、处理、存储、传输、显示、管理等各个环节的数字技术，一般分为数字媒体显示技术、数字信息传输技术、数字媒体存储技术、数字媒体创建技术、数字媒体显示应用技术、数字媒体管理技术等。

由此可见，纵观大众媒介的发展历程，与当时的"高科技"技术手段及其传播媒介、渠道的发明创新与更新换代紧密地联系在一起。没有科技进步就没有大众传播。技术的创新发明，直接催生了大众传播的变革。

二、当前我国"传媒＋科技"的发展现状

今天，我国已经成为一个名副其实的移动互联网大国，一个数字传播技术蓬

勃发展、方兴未艾的传播大国。截至2022年12月，我国网民规模达10.67亿，形成了一大批世界级的超级互联网公司和超级传媒集团，其中腾讯、阿里巴巴、百度等进入全球十大互联网集团企业行列，京东商城、优酷等一大批新兴成长型的网络公司后起猛追。互联网与大众媒介、通信、商务、游戏、购物消费等更加全面地深度融合，形成了全球最大的市场之一。相关统计数据显示，2022年全年中国互联网广告收入为5088亿元。针对不同领域的运营状况分析显示，2022年，在信息服务领域，主要从事信息服务（如新闻、社交等）的互联网公司，其业务收入相比上一年增长了4.9%。2022年，生活服务领域的平台企业（例如租车、旅游、房地产等），其互联网业务收入相比上一年减少了17.5%。2022年，在网络销售领域，在线购物服务的公司（涵盖了农产品、综合电商等），他们的互联网业务收入相比上一年增加了12.6%。

由此可见，基于互联网、移动互联网的产业融合，是我国"传媒+科技"的一个最为显著的特点。下面着重阐述"传统媒体（包括报媒与广电媒体）+科技"的发展现状、存在的问题等。

目前，我国传统媒体产业与高科技产业尤其是数字传媒产业的协作、融合日渐深入，下面主要从三大方面来分析我国"传媒+科技"的发展现状：

1. 报媒逐渐地向融合传媒、数字传媒产业嬗变

纸媒式微，已经是客观事实和业界共识，但是有调查显示，传统媒体衰落的速度超过预期。人们越来越多地从新媒介渠道获取信息，年轻人更是如此。以往人们在10份报纸上看到的内容可能都不及一个网站或新闻客户端丰富，也不如网络媒体来得及时、方便。

2018年全国47家报业集团广告收入超400亿元，仅仅相当于今日头条1家移动互联网平台的广告收入。报刊和报纸印刷出版量的下滑，直接反映了纸媒行业的衰退。自2012年起，连续6年总印刷量出现下降，2015年和2016年降幅都在15%以上，2018年下降幅度收窄到8.64%。从总体趋势来看，报纸印刷总量加速下滑的态势已有所遏制，2018年都市类报纸仍在减量、减版，停刊的情况也变得较为普遍。广告经营方面，传媒广告市场互联网趋向愈发明显。据CTR媒介智讯，2018年，市场价值基本上达到了5500亿元，跟上一年相比增加了15%。

与此同时，互联网广告的比例为67%，传统媒体广告的比例为33%。值得注意的是，平面媒体广告收入每个月都下降，呈下滑趋势。2018年报纸广告降幅高达30.3%，杂志同比下降8.6%，与2017年相比降幅有所收窄，但远没有止跌[①]。

传统报媒行业整体趋势性下滑，促使不少报媒大胆地向融合传媒、数字传媒产业或大传播产业转型。

以成都的博瑞传播公司为例，该公司紧扣新媒体产业发展的战略机遇期，立足"传统媒体运营服务商、新兴媒体内容提供商、文化产业战略投资者"发展战略，全力向融合传媒、数字传媒产业推进。

根据博瑞传播公司中报显示，旗下游戏板块北京漫游谷信息技术有限公司和成都梦工厂网络信息有限公司合计实现利润近200万元，扭亏为盈，公司游戏板块转型升级成效显著。2021年底利用公司经典IP"全民主公"推出了《全民主公Ⅱ》，新游上线后一举登顶苹果IOS榜第一，其月均流水达3000万元以上。除在营产品市场表现优异之外，公司自主开发的竞技塔防手游《守望之战》也于2022年7月获得了版号，为后续业绩提供了增长潜能。博瑞传播在海外市场拓展方面，举措初见成效，目前也与头部大厂达成了《侠义风云诀》手游在海外市场的初步合作，双方第一步计划便是打开港澳台、东南亚、日本、韩国等亚太市场。此外，漫游谷也已启动面向全球市场的塔防和SLG新项目立项，预计于2023陆续上线[②]。

2. 广电传媒产业与数字传媒产业、新兴媒介产业深度融合

我国的政策大力鼓励和扶持广电传播技术向现代数字传播技术融合、转化。2010年1月，《推进三网融合的总体方案》由国务院进行印发，该文件指出"电信网、广播电视网、互联网在向宽带通信网、数字电视网、下一代互联网演进过程中，其技术功能趋于一致，网络互联互通、资源共享，能为用户提供语音、数据和广播电视等多种服务"。2014年8月18日，《关于推动传统媒体和新兴媒体融合发展的指导意见》在中央全面深化改革领导小组第四次会议审议通过，提出：

[①] 最后的纸媒：全球报业继续下滑，广告收入跌幅超发行量[EB/OL].（2019-12-5）[2023-4-15]. https://www.sohu.com/a/358524791_501372.

[②] 博瑞传播：游戏板块整体扭亏为盈，教育信息化业务结构优化成效显著[EB/OL].（2022-8-30）[2023-4-15]. http://k.sina.com.cn/article_1704103183_65928d0f02002xyy8.html.

"要将技术建设和内容建设摆在同等重要的位置。"另外，中央专门成立了中央网络安全和信息化领导小组，统筹协调网络新业务的布局与监管工作。2020年9月，《关于促进传统媒体与新兴媒体深度融合发展的指导意见》由中共中央办公厅和国务院办公厅联合进行发布，以促进传统媒体与新兴媒体在各方面更迅速地实现融合，其中包含组织结构、政策支持、运营流程、人才培养等。一些具备广泛影响力与有着巨大竞争力的新型主流媒体迅速发展，逐渐建立一个统一的线上线下、国内国际宣传协同的主流舆论体系，构建一个全媒体传播系统，以内容为核心，以先进技术为支持，以创新管理为稳定保障。

由于上上下下全面重视，我国广电传媒伴随着互联网、移动互联网的发展，通过不断协作、融合，中央主流广电传媒集团和一部分先行一步的地方广电传媒集团，已经初步实现全产业的数字化大众传播产业与技术布局，形成了交互式网络电视（IPTV）、互联网视听节目服务、移动互联网视听节目服务、手机电视、互联网电视等各种视听新媒体新业态。相关统计表明，到2022年12月底，中国的网络视频的使用人数已经达到10.31亿人，同比增加了5586万人，是全国网民总数的96.5%。在这里面，短视频的使用人数达到了10.12亿人，同比增加了7770万人，是全国网民总数的94.8%[①]。网络视听已经成为网民消费，尤其是"90后"网民消费中不可或缺的网络新业态、新服务。

3. 我国传媒产业同其他高科技产业之间协作融合

从我国经济发展与转型来看，立足于现代高科技产业、数字产业、智能产业等方面的技术进步，成为"大众创业、万众创新"的核心动力源泉。我国传媒产业显然不能置身于"科技就是生产力"之外。从国内的现状来看，国内不少传媒集团和互联网公司积极地向高科技产业拓展，或者双向协作，或者深度融合，尤其是通过资本投入、风险投资等进行了相应的多元化经营。主要表现为以下两种模式：

第一种模式——造船下海。这方面的典型是取得巨大商业成功的深圳腾讯公司。成立于1998年的腾讯公司凭借独创的"即时通信"等若干高科技技术与先进服务，通过互联网、手机等工具塑造和改变了众多网民的交流途径，为用户打

---

① 2022年我国网络视频用户规模达10.31亿，占网民整体的96.5%[EB/OL].（2023-3-24）[2023-4-15]. https://www.163.com/dy/article/I0JFPHFO051481OF.html.

造了一个极为便利的交流平台。当今，腾讯的战略目标是为用户打造全面的在线生活服务，为实现这一目标，他们建立了QQ、腾讯微信等互动平台，并因此在中国建立了中国最大的在线与移动手机社交网络。

第二种模式——搭船下海。不少传媒集团在涉足高科技产业领域时，选择了"搭船下海"或"借船下海"等多元化经营模式。有的以资本为纽带，通过设立并购基金、创投公司，参与产业基金等，以当股东的方式或控收或参股高科技产业公司；有的把媒体宣传费、广告及其他资源性投入等换算成资本投入，在具有潜在高成长性的高科技产业中分得股权，搭船下海。

三、积极探索"传媒+科技"深度融合的新路子

传统报媒面临着行业整体性的趋势性下滑，这已经成为一个共识。在当今的我国报媒产业界，面对滚石下山，大家唯有团结一心，共同担负起责任来面对共同的困难。而除了所谓合并部门、裁员降薪之外，还必须走出一条与"传媒+科技"产业深度融合的发展新路，进行自救，否则别无他路。

（一）思想上要全面改变，行动上要高度重视

我们首先要在思想上全面改变固守成规的想法，在行动上要高度重视，大家要深刻地认识到：数字技术等主导的新兴媒体，与报媒、广电媒介为主的传统媒体之间存有辩证互动的关系。新兴媒介与传统媒介之间的关系是相对的。新兴媒介是相对于传统媒介、过去的媒介而言的。而今天还处于"高大上"地位的一些新兴媒介，在一段时期后无疑将又变成传统媒介。对于报媒来说，广播是新兴媒介；对于广播来说，电视是新兴媒介；对于电视来说，互联网和移动互联网等又是新兴媒介，如此演化类推、生生不息。当下的新兴媒介，首先呈现了一种技术（以数字传播技术为主）高度进步、高度演化的"生态链"。在移动互联网技术、数字技术和软件技术等的不断应用与支持下，一部分新兴媒介，例如微博、微信等，既融合了人际媒体、个性化小众媒介的特点，又具有大众传播媒介的特点。新兴媒介群的主要特征表现为：数字技术依赖、互动传播和互联互动。新兴媒介与传统媒体的最大区别之一是中心发散式的传播方式被削弱，网络化传播、

交互式传播等模式逐渐成为主流,大众传播与分众传播、小众传播有机地结合起来,传播过程中的互动、用户体验等得到极大的释放,传统的"信息提供者"的角色演变成为"信息服务者",传统的单向关系演变成为多向的、互动的"产消者"关系,受众和用户既是消费者,反过来又可能成为内容的"生产者",这过程中还伴随着无数的"二次传播"与"反复循环的人际自媒体传播"等活动,广泛地呈现出互联、互动、融合等特点。

传统媒体必须与传媒高科技产业进行深度融合,这已经不是一个"应该"或"或者应该"的话题,而是一个"必须"的话题。必须在思维上迅速地转变并跟上形势,要在思维上深刻地认识到:数字技术等主导的新兴媒体,与报媒、广电媒介为主的传统大众媒介之间存有辩证互动的关系。报媒作为工业革命后的第一代印刷类媒介群的主要代表,必须以破釜沉舟的勇气、大干快干的行动,通过"弯道超车",全面向数字高科技产业、向第四代数字化新兴媒介转型。

(二)如何实现"报媒 + 高科技"融合发展的"弯道超车"

前面我们已经论及,报媒属于典型的媒介 1.0,而当今的主流大众传媒已经步入媒介 4.0;由于报媒属于典型的印刷类媒体,因此在之前它几乎没有可能与广电媒体等直接转化与融合;而不少报媒在向互联网转型过程中,走了较多的弯路。当时代进入媒介 4.0 之时,报媒同广电媒体、传统互联网媒体等站到了同一条起跑线上。何谓"弯道超车"?就是说报媒可以跨越广电媒体、互联网媒体这两大平台,直接同媒介 4.0 时代的新兴媒体之间进行高度的融合发展。

那么,在这一融合发展与转型过程中,报媒实现"弯道超车"应该采取的主要措施有哪些呢?

1. 全面推进"两微一码一端"新平台建设

传统媒体天生缺乏互联网基因,缺乏移动互联网基因,必须首先进行传统媒体尤其是纸媒的互联网及移动互联网基因再造。技术进步始终是传媒变革创新的核心力量,但是数字化新兴技术对于传统媒体——尤其是第一代印刷类媒介纸媒来说,是天生的弱点。在媒介大融合时代,纸媒集团必须充分利用大数据、云计算、云存储、物联网、车联网、可穿戴设备甚至机器人等数字技术,全面而有重点地探索向高科技产业转型之路,搭建重构媒介融合新平台,走出"媒介+高科技"新路径。例如在具体措施上,传统的纸媒集团可以利用大数据技术,对几十年来积累的用户数据、新闻内容与资讯信息及相关数据等进行全面储存、分析和整合,建立统一的大数据平台,实现新闻内容的云存储与深加工,再根据受众特点、偏好等实现新闻内容产品的再生产与精准营销。通过云计算技术服务,则可以建立统一管理和高度的"云平台",构建"超级编辑部",超时空地整合旗下媒介资源,全面推出具有较强品牌影响力、知名度的"两微一码一端"(微信、微博、二维码、App客户端)的融合传播平台,形成渗透式传播和跨媒介、互动品牌等。

2. 全面加强数字型传播人才队伍的建设

在数字传播、全媒体时代,报媒的人才队伍建设和管理目标等必然伴随着数字传播技术和新媒体等的发展,要想彻底完成自我转型,旧式报媒人才必须全面地向新式的全媒体人才或人才队伍转换。在新型传媒人才队伍的建设上,要尤其加强对青年人才的培养培训。可以通过高研班、传媒高新技术培训班等模式,着重提高员工的创新能力,培养出一批创新型、复合型的新媒体新业务人才。

3. 走有特色的"报媒+高科技"多元化经营路子

"报媒+高科技",一定是报媒融合发展的多元化经营重要路径。在这个过程中,报媒传播集团可以通过资本融合高科技、人才融合高科技等方法,采取并购、参股、股权合作、吸引投资等方式,实施报媒与高科技产业之间在资源、资产、资金、资本上的充分整合,推动集团整体转型。

4. 重视并做大做强自身的高科技储备

在当今的高科技时代,技术或高科技的储备等决定了一个企业的高度。当前,云计算、大数据、移动互联网、智能终端、3D技术等,成为大众传媒产业和数字信息产业的热点。报媒集团必须千方百计地增强自身的技术储备,尤其是高科技方面的储备或"蓄水池",努力开发新技术,拓展延伸产业链,全面加强自我造血机能,打造一个将高科技产业与传媒产业有机融合、高度协作的新型传媒集团。

第七节 传媒产业与文化贸易产业融合

自 2014 年国家出台《关于加快发展对外文化贸易的意见》以来，全国各地积极推动对外文化贸易发展，各地方政府先后制定了加快发展文化贸易的实施意见或方案。经国务院批准，商务部等 27 部门于 2022 年 7 月 20 日印发《关于推进对外文化贸易高质量发展的意见》，这是继 2014 年国务院印发《关于加快发展对外文化贸易的意见》后，对外文化贸易领域又一份重要指导性文件。政府的政策支持为传媒集团涉足文化贸易领域带来契机，媒体与文化贸易的融合发展，尤其是借助新媒体无国界、无边界传播的特点，对打破各国间文化进出口传播壁垒发挥重要作用。

一、我国文化贸易发展现状与发展对策

（一）我国文化贸易发展现状

近年来，在政府的积极引导和大力支持下，我国对外文化贸易取得显著成果，已经从单纯的文化产品走出去，发展到文化服务走出去，再升级到文化资本开始走出去。一批有实力的中国文化企业在国际市场崭露头角，通过联合制作、海外并购、筹建子公司等多种形式，推动文化产品和服务的出口，同时将中国文化广为传播，文化影响力逐渐扩大。据海关总署公布数据，2021 年 1—12 月我国文化产品进口额为 10 701 848 万元，同比增长 34.9%。2021 年 1—12 月我国文化产品出口额为 89 958 506 万元，同比增长 33.9%[1]。我国在对外贸易中，文化贸易占比较小，核心文化产品同服务贸易的逆差依旧没有消失，文化企业在国际竞争能力方面相对不足，需要进行改进和增强。与欧美等文化贸易强国相比，我国在故事创意、国际营销、销售渠道等环节存在较大差距，文化产业的核心竞争力不足。

基于联合国贸易与发展会议创意经济数据库及国家统计局数据，近年我国文

---

[1] 2021 年 1—12 月我国文化产品进出口金额统计情况 [EB/OL].（2022-1-25）[2023-4-15]. https://www.chinabaogao.com/data/202201/569353.html.

化贸易重点行业情况是：演艺娱乐业项目集中于杂技武术、戏曲歌舞，版权输出突破；新闻出版业的版权贸易逆差有所改善，企业走出去由被动变主动；电影产业的华语片国际认可度有所提高，本土企业探索出海"淘金"；电视产业出口以电视剧为主，纪录片出口创最好成绩；动漫产业出口逐年增加，但总体竞争规模及竞争力亟待提升；游戏产业出口持续稳增，本土企业抱团深耕海外市场；艺术品产业国际贸易额大幅提升，但占国际市场总成交额比例不高。另外，我国设计、广告、音乐、非物质文化遗产等行业的文化贸易也有所增长。

（二）我国文化贸易特点及发展对策

目前，我国加快文化贸易的主要对策是：促进文化交流与文化贸易的创新；关注"中国声音""中国意象"的传达，实施品牌战略；建立文化产品和服务的统计体系；推动国际文化产品营销平台、国际文化市场信息平台建设，为文化企业走出去搭建桥梁；推动科技与艺术的融合；培养具有国际视野的复合型文化贸易人才。作为国际文化贸易主要参与国，我国政策越来越关注通过商业渠道推动文化"走出去"。2022年7月20日印发《关于推进对外文化贸易高质量发展的意见》，从七个方面提出28项具体任务举措。其中提出，到2025年，计划在全国建立一些专门的文化贸易服务平台，这些平台将提供专业的文化贸易服务。同时，还希望培育一批国际知名的数字文化平台，并培养部分优越的文化企业。这将有助于提高中国文化产品和服务在国际市场上的地位，在国际上增强品牌效应，促进中华文化的传播，对文化强国建设起到重要的推动作用。

二、传媒与文化贸易融合可行性分析

（一）政策扶持为传媒集团发展文化贸易提供契机

在国家发布《关于加快发展对外文化贸易的意见》后，全国各个区域均积极响应，纷纷推动对外文化贸易的发展。各地政府相继出台了促进发展文化贸易的方案与实施策略，将国家政策在地方层面进行具体划分与执行。四川省积极发展文化贸易，重点关注演艺、艺术品、文化旅游等核心文化产业，致力于培育一部分对外文化贸易企业,并促进四川特色文化的出口,其中包含川剧、川酒文化以及巴蜀画派、蜀锦蜀绣、杂技、灯会、工艺品等走向国际市场。福建省着重加强与台湾、香港、澳门、海外侨胞的文化贸易合作。在此背景下,福建省积极举办海峡两岸文博会和旅博会、海峡两岸图书交易会等重要活动。同时,主动用心进行策划"海上丝绸之路"新闻出版以及文化艺术品推广等项目。广东省的策略是促进特色文化。为实现这一目标,广州南沙等各地方同港澳文化创意产业一起打造园区,共同举办展览会,促进广东与香港、澳门的文化贸易资源共同开发和共享。根据文化和旅游部总体规划,我国未来将慢慢构建一系列国家级对外文化贸易基地,这些基地将专注于推动文化产品的进口与出口的贸易、汇聚文化品牌企业、展示文化产品等相关服务。政府高层的政策"搭台",为传媒企业进军对外文化贸易领域创造了良好的机会,传媒企业可与本地区政府部门合作,根据当地的规划,布局对外文化贸易产业。

(二)媒体融合发展有助于打破国际文化贸易传播壁垒

文化产品与文化服务是包括文化、民族特征与生活模式的商品。不同国家之间在文化贸易中有着不一样的文化背景、政治理念与经济基础,这也就造成了它们有着不一样的思维模式,并且在审美观与价值观上也存在不同。因此,进口国在将其他国家的文化产品进行引进的时候,就会相对抵触并害怕外来文化会对本国文化产生影响。并且,进口国也可能因为保护本国文化市场,或者为获取文化贸易利润等,会人为制造一定的障碍。这些因素都会成为文化出口的障碍,阻碍文化的传播。而媒体融合发展,尤其是借助新媒体无国界、无边界传播的特点,对打破各国间文化进出口传播壁垒发挥重要作用。

三、国内传媒企业与文化贸易融合发展探索与实践

(一)国家对外文化贸易基地

在"中华文化走出去"和"一带一路"的大背景下,国务院对我国文化贸易工作作出了全局性部署,打造对外文化贸易平台受到广泛关注和重视,北京、上

海、深圳三地的国家对外文化贸易基地建设和发展尤其引人注目。文化和旅游部在全国设立的北京、上海、深圳3个中国文化"走出去"战略基地，是具有国家公信力、权威性的国际文化交流和对外文化贸易平台。习近平总书记已4次视察上海基地，北京市政府出台了专项扶持北京基地的发展政策。广东省《加快发展对外文化贸易实施方案》（2015年2月）、深圳第六次党代会报告（2015年6月）、深圳市政府工作报告（2015年7月）和《深圳市文化创新发展2020（实施方案）》（2016年1月）均明确提出支持和推动国家对外文化贸易基地（深圳）建设，深圳基地建设已提上省、市政府工作议程，在业界也受到关注。

当今，我们已经初步形成了一个国家级的公共服务平台，主要关注演艺、数字内容与学术研究领域。其平台的目标是汇集行业协会和与之有关的研究机构的资源，为文化企业给予高质量的服务，帮助它们在国际市场上更好地展开业务。我们还希望继续支持北京、上海和深圳的对外文化贸易基地，借助不同形式的合作，例如参加展会等，去不断提高中国文化产品、服务和投资在国际市场上的份额。

根据商务部的数据：2021年，中国对外文化贸易总额达到了2000.3亿美元，同比增长38.7%[①]。成绩亮眼的同时，不可否认我国对外文化贸易发展仍存在"船小舰弱"等现实问题。为此，商务部、文旅部等部门于近日先后联合印发了《关于推进对外文化贸易高质量发展的意见》《关于开展新一批国家对外文化贸易基地申报工作的通知》等政策措施，着力推动中华文化走出去、促进文化外贸高质量发展。2022年7月26日，文旅部办公厅、商务部办公厅发布《通知》，决定开展新一批国家对外文化贸易基地申报工作。此次基地申报主体为地市级人民政府（含副省级），各省（区、市）及新疆生产建设兵团推荐的申报主体不超过1个。原文化部命名的上海、北京、深圳3家基地不占所在地方名额。

1. 上海国家对外文化贸易基地

上海国家对外文化贸易基地，位于上海市浦东新区外高桥保税区，其前身是2007年由上海市委宣传部和浦东新区人民政府发起成立的上海国际文化服务贸易平台，由上海东方汇文国际文化服务贸易有限公司负责运营管理。

---

① 跑出文化贸易新速度[EB/OL].（2022-7-26）[2023-4-15]. https://news.dahe.cn/2022/07-26/1066576.html.

作为我国探索对外文化贸易的首块"试验田",上海基地借助上海浦东综合配套改革试点和先试先行政策,积极探索对外文化贸易新模式和新路径,并创新推出自贸试验区"文化三项"开放政策。据过往资料,上海基地成立当年(2011年),文化产品的进口和出口总值达到了4.9亿元人民币,同时,注册企业的年营业收入超过了6.2亿元人民币,较2010年同比增长110%。

据最新统计数据,上海基地目前已集聚了近1300家的各类文化企业,吸引投资规模达到570亿人民币,年贸易规模近400亿元人民币,年税收贡献超过2.5亿元人民币,也已成为全国文化贸易促进与发展的重要公共服务平台和对外拓展窗口[①]。

2. 北京国家对外文化贸易基地

在总结首个国家级对外文化贸易基地成功经验的基础上,文化部于2012年3月在北京顺义区天竺综合保税区命名了北京国家对外文化贸易基地,该基地由北京文投国际控股有限公司作为投资建设和运营管理主体,基地一期项目及北京天竺综合保税区文化保税园于2014年8月正式开园运营,可为国际文化贸易提供信息、金融、展示、交易、仓储、物流、通关等一系列便利化服务,同时该基地完成了基础政策集成创新研究,形成了较为完善的文化保税政策体系,已于2016年全部建成。

国家对外文化贸易基地(北京)建成后,成为绘画、雕塑、图书、影视产品、设计产品、动漫网游、舞台设备等展示交易中心,成为国际文化商品的体验中心以及以文化商品交易所,为中国资本参与国际文化产品的大宗交易提供便利。同时该基地还将成为落实保税政策的实体服务平台。

近年来,北京顺义区天竺综合保税区国家对外文化贸易基地,通过实施关税保证保险、文物入区鉴定等全国首创的政策功能,基地艺术品进口规模占到全国的三分之一,成为我国文物艺术品主口岸、跨境文化创意主平台。2020年,基地文化艺术贸易企业实现营业收入10.2亿元,同比增长23.6%;实现利润0.86亿元;完成属地税收1.19亿元[②]。

---

① 独家研判:这19个城市提前锁定"国家对外文化贸易基地"[EB/OL].(2022-7-30)[2023-4-15]. https://new.qq.com/rain/a/20220730A03E4V00.
② 独家研判:这19个城市提前锁定"国家对外文化贸易基地"[EB/OL].(2022-7-30)[2023-4-15]. https://new.qq.com/rain/a/20220730A03E4V00.

3.深圳国家对外文化贸易基地

因深圳拥有产业、政策、区位等方面综合优势、深圳报业集团拥有承办深圳文博会、承办深圳"设计之都"品牌运营平台等方面丰富经验，2014年1月经文化部批准，国家对外文化贸易基地（深圳）在深圳报业集团正式挂牌。深圳由此成为继北京、上海之后，中国第三个拥有"国家对外文化贸易基地"的城市。国家对外文化贸易基地（深圳）运营采用"部省市合作"架构下的"平台+园区"模式，规划建设"9平台+2园区"。2016年6月，深圳报业集团旗下华荟公司正式启动，开始具体运作深圳对外文化贸易基地。

广义上的基地运营依靠深圳文博会、深圳文交所、中国文化产业投资基金、深圳市创意文化中心、深圳报业集团媒体等深圳已有成熟的平台资源，加上深圳50多个现有文化产业园区，以其为基地合作伙伴，把全国32个省（自治区、直辖市）及港澳台地区的优质特色文化产业项目和产品信息与海外采购商、相关运营商实现有效对接，积极促成我国文化产业的对外贸易和双向投资，使之成为展示和传播中国优秀文化的阵地、推动中华文化走出去的窗口、中外文化产品交易和中外文化交流与合作的平台。狭义上的基地运营依靠深圳报业集团，主要运作基地文化贸易综合服务平台，在媒体融合发展中提供专业化的文化贸易领域新闻和信息服务，并与基地其他8个功能平台合作机构以及深港相关文化产业平台和文化商贸机构"互联互通"进行信息链接和业务联动，形成基地文化贸易服务产业联盟，集聚和整合国内外文化产业和文化贸易优质商业资源，打造"以信息和品牌为核心的覆盖全产业链的文化贸易服务链"，为我国文化产品提供从创意设计到国内外销售的全链条一站式服务。

近年来，深圳充分发挥对外开放窗口的作用，依托深圳文博会及国家对外文化贸易基地等平台，推动深圳文化产品和服务走出去。截至2020年，深圳文化及相关产业法人单位超过10万家，从业人员超过100万人，产业增加值从2015年的1021亿元增长到2020年的2200亿元，占全市生产总值的比重从5.8%上升到8%。其中，对外文化贸易占广东全省的三分之一[①]。

---

① 独家研判：这19个城市提前锁定"国家对外文化贸易基地"[EB/OL].（2022-7-30）[2023-4-15]. https://new.qq.com/rain/a/20220730A03E4V00.

（二）"文化贸易＋会展"

文化产业博览交易会是文化贸易的重要阵地。被誉为"中国文化产业第一展"的中国（深圳）国际文化产业博览交易会，是目前我国唯一一个国家级、国际化、综合性的文化产业博览交易会，至今已圆满举办18届。深圳文博会集文化产品博览、文化产业要素交易和文化产业信息交流为一体，有创意设计产品、文化项目、专利或版权的交易，也有金融机构对文化企业、项目的投融资，是中国资源最丰富、种类最齐全、规模最宏大的中国文化产品和服务出口交易平台。这是一个理想的平台，能够对中国文化产业的现状进行了解，对文化产品市场有大体的认知，同时还是文化产业技术研究与进行信息沟通的好地方。它为国际买家提供了一个集中的资源，以更加简单、更便宜的方式购买中国文化产品。此外，它还可以作为文化创意产业投资与融资的好地方。

第十八届文化产业博览会主要以线下展览为主，同时在线上也有同步展示，共设立了大型展馆六个、在线国际馆一个与云上文博会平台一个。总计有3402家企业来到此次活动中，其中超过70%是龙头企业。

线下主会场设在深圳国际会展中心9～14号馆，突出展示各地文化产业发展最新成果、优质文化项目和拳头产品。例如，走进12号馆（粤港澳大湾区馆）的龙岗展区，可以看到展陈设计充分聚焦数字创意主线，凸显龙岗区数字创意产业的五大主导产业，将影视动漫、游戏电竞、网络视听和数字设计融合进超高清显示屏、智能穿戴设备以及耳机音响等数字硬件中，还开设了全息舱、元宇宙虚拟拍摄棚、玄智科技机器人格斗台等体验式项目，科技味十足；在非遗·工艺美术·艺术设计馆，集中展示、推介具有民族性、时代性、共通性和国际影响力的中华民族文化产品，文化味浓郁。第十八届文博会继续沿用"1+N"，即1个主会场＋多个分会场的办展模式，在全市各区设立了65个分会场，并策划了一系列数字创意产业论坛、展览和交易活动。

四、媒体与文化贸易融合发展途径与策略

结合媒体特点和优势，传媒与文化贸易融合发展有以下几种途径和策略选择：

（一）提升媒体在文化贸易领域的新闻和信息服务能力

随着互联网技术的发展以及移动终端设备功能的不断完善，我国网民规模持续增加，网络平台优势凸显。交互式智能网络日益颠覆传统的生产、销售、中介服务和购物消费模式。传统媒体与文化贸易融合，首要任务应该是发挥媒体自身优势，利用网络平台和新媒体技术手段，为产业链上各环节的企业、机构和个人，针对性提供高度专业化的文化贸易新闻和信息服务，包括文化贸易新闻资讯订制、各类文化产品供求信息检索、全球各地文化市场信息动态咨询、各种文化产品和服务专业评论和市场信息反馈等，以此构建媒体与文化贸易融合发展的核心竞争力。

（二）创建文化贸易领域新媒体

在传统媒体和新兴媒体融合发展的浪潮中，发挥传统媒体新闻人才集聚的优势及具公信力的媒体品牌形象，同时避免传统媒体人才向新兴媒体流失的尴尬局面，传统媒体可扬长避短，根据各自的转型升级战略发展方向，选择包括文化贸易在内的相关文化创意行业（如创意设计、文化艺术、动漫游戏、文化旅游、非物质文化遗产、工艺美术、博物收藏、休闲娱乐等），打造相关行业具有权威性和公信力的新媒体品牌。传媒集团可探索"互联网+文化产品+跨境贸易"模式，构建文化产品跨境电商平台。在西安运营的丝路汇——文化产品跨境电子商务平台着重打造文化产品跨境贸易服务、国际文化交流展示服务、文化产业大数据服务、文化创意产品孵化服务、文化产品跨境物流服务5项核心内容，利用互联网拓宽文化产品的营销渠道和市场覆盖范围，打造线上、线下结合的文化贸易跨境电商生态链和产业链。

（三）创新媒体文创园区经营模式

我国目前已有数千个大小规模和不同层次的文创园区，许多传统媒体也参与了文创园区建设，如羊城晚报报业集团的羊城创意产业园、湖北日报报业集团的楚天181创意产业园、成都传媒集团的熊猫小镇、东区魔方等。媒体与文化贸易融合发展，有园区条件的，可推动园区内外文化产业和文化贸易资源的整合、服务质量和功效的提升、市场化运营组织发展等方面，探索和创新文创园区运营新模式。

（四）打造文化贸易服务平台

我国传统媒体作为主流媒体，采取"新闻＋广告"模式服务于社会各行各业，与政府、企业和社会建立了密切的联系，拥有强大的影响力和公信力，也拥有强大的社会资源整合能力和潜力。媒体在开拓与文化贸易融合发展的相关项目上，如深圳报业集团建设运营的国家对外文化贸易基地（深圳），应该充分挖掘媒体的资源整合能力和潜力，广泛与产业链各关键环节的关联文化企业、贸易机构"互联互通"和密切合作，形成合力，共同打造各类文化贸易专业服务平台，在文化贸易领域，提供各种专门的服务，包括新闻报道、信息提供、展示和推广文化产品、进行交易、法律咨询等。

（五）建立文化贸易媒体联盟

国内媒体与文化贸易融合发展，开展文化贸易相关业务活动，可以与内地其他媒体乃至国际媒体建立"互通有无、互惠互利"的平等合作关系，互相提供当地文化企业、文化项目、文化产品相关新闻和信息，在各类论坛、活动方面互相支持，在合作中自然形成文化贸易媒体联盟，从媒体和文化贸易融合发展的角度，促进国内、国际各城市间的文化信息交流和文化贸易合作。

第八节 传媒产业与物流产业融合

21世纪初，伴随互联网经济的兴起，现代物流业快速发展，特别是电子商务物流（简称电商物流）飞速发展。与此同时，传统媒体整体下滑，与电商物流融合成为传统媒体谋求转型发展的一大战略选择。以报业为例，近年来遭遇金融下滑和新媒体冲击的双重压力，加速进入"寒冬"。为此，国内报业依托自身发行队伍以及网络媒体资源，纷纷试水"传媒+物流"，亦即严格意义上的"传媒+电商物流"，探寻新的经济增长点并形成独特的商务运营模式。这里所讲的媒体介入物流，主要指电商物流。

一、传媒产业和物流产业融合发展概述

（一）物流业发展现状及趋势

1. 物流概念

物流是指为了满足人们的需求，在资金上花费最少，借助运输、储存、分发等方法，管理从商品的生产地到消费地的全过程。它是一个控制原材料、成品、产品与信息流动的系统，从供应开始，通过中间环节，最后把物品或信息送到顾客手中，并让组织的目标得以实现。现代物流说的是全球经济互联的结果，同时还是推动全球经济互联的重要服务领域。全球现代物流业处于平稳性增长趋势，欧洲、美国和日本是全球重要的物流中心。

2. 中国物流业快速发展

中国物流业虽然起步相对较晚，但是我国的经济迅猛进步，物流业也随之有了很大的进展。物流系统持续性进行改进，行业运营也越来越成熟和有序。

物流信息化一直是国家的重点关注的行业之一，"十五"规划，发展物流新业态被写入规划当中；"十三五"开始，利用互联网产业的发展与物流产业相融合成为重点发力的方向，而"十四五"出台后，围绕国内外物流运转以及现代物流体系等政策的发布可以看出物流信息化行业将成为国家未来主要发展的行业之一。

近年来，我国经济快速发展，极大促进了物流信息化市场的增长。相关政府机构为了能够有效地管理物流信息化市场并促进行业进步，前后连着发布了一系列法规和政策，主要针对互联网物流信息化进行合理整治；除此之外，物流信息化、媒体等行业近年来经营遭遇许多阻碍，国家针对物流信息化企业等中小型企业在税收方面出台了各项政策，加快行业发展的脚步。2021年3月，《关于推进电子商务与快递物流协同发展的意见》提出加强大数据、云计算、机器人等现代信息技术和装备在电子商务与快递物流领域应用，提高科技应用水平；加强快递物流标准体系建设，鼓励信息互联互通；优化资源配置，提升供应链协同效率。

2022年5月，《关于印发扎实稳住经济一揽子政策措施的通知》呼吁保险公司等机构利用他们的长期资金的特长，增加对水利、公路等这些基础设施的建设与相关项目的资金支持。完善交通物流保通保畅政策、统筹加大对物流枢纽和物流企业的支持力度。

2022年12月，国务院办公厅印发《"十四五"现代物流发展规划》。《规划》明确按照"市场主导、政府引导，系统观念、统筹推进，创新驱动、联动融合，绿色低碳、安全韧性"原则，到2025年，基本建成供需适配、内外联通、安全高效、智慧绿色的现代物流体系，物流创新发展能力和企业竞争力显著增强，物流服务质量效率明显提升，"通道+枢纽+网络"运行体系基本形成，安全绿色发展水平大幅提高，现代物流发展制度环境更加完善。

在打造更现代化的物流系统、从物流大国向物流强国迈进的新阶段，中国的物流业有了全新的发展方向。从2020年之后，社会物流总量一直增长快于国内生产总值（GDP），人们对物流的需求也持续增加，物流需求规模呈稳步提升趋势。

2022年，我国在物流总量上达到了347.6万亿元，如果按照相同价格进行对比，较上一年提升了3.4%。总体而言，社会物流总量增长的速度大体上延续了复苏的趋势，一整年都能够成功应对各种压力并实现了增长。展望2023年，作为"十四五"规划承上启下的关键一年，物流发展迎来良好发展机遇。

3. 电子商务助推现代物流

在目前的电子商务时代，全球物流产业正向着全新的方向进行发展。现代物流服务的关键目标是实现最低综合成本的同时也能够达到客户需求。现代物流具有以下优势：首先，电子商务同物流有着密切的联系；其次，现代物流是让货物、信息、钱款和人才都能顺畅流动和协调配合的系统；再次，电子商务物流采用了信息技术，自动化处理，网络化操作，智能管理，和灵活适应多变情况的方式；最后，物流设施与商品包装变得更加标准化，物流活动更社会化，更多合作共享。

我国的电子商务目前已具备一定的规模：网购用户已突破8.45亿人，市场潜力巨大；网购市场年交易额已突破42.9万亿元，呈快速上升趋势；市场竞争激烈（表5-8-1）。

表5-8-1 我国电子商务有关指标统计表[①]

年份	2016	2017	2018	2019	2020	2021	2022
网购用户（亿人）	4.67	5.33	6.10	7.10	7.82	8.42	8.45
网购交易额（万亿元）	26.1	29.1	31.6	34.8	37.2	42.3	42.9

随着电子商务时代的兴起，物流业迎来了全新的发展机会。电商物流，也叫作网上物流，就是以互联网技术作为依托，目的就是将物流行业进行推动与发展。电商物流的兴起促使了第三方物流等多种模式的迅速发展。

第三方物流指的是为适应电子商务的兴起而引入的一种新型物流模式，也被叫作物流代理，它代表了当今年代物流服务发展的方向。另一方面，物流一体化指的是将物流系统做基础，将生产厂家、物流与销售企业以及最终消费者整合为一个系统化的供应链。这是基于第三方物流，不断进行演进而来的一种新型物流模式。物流一体化代表了更为全面的物流配送模式。

（二）传统报业纷纷介入电商物流

面对电商物流的巨大商机，不同地区的报业集团都根据自身情况，增加了在电商物流方面的投资，希望能够有不错的成果。例如：

---

① CNNIC发布第51次《中国互联网络发展状况统计报告》[EB/OL].(2023-3-2)[2023-4-15]. https://cnnic.cn/n4/2023/0302/c199-10755.html.

1. 成都商报社"立即送"越做越大

2011年,成都商报社发行公司控股成立了"成都立即送物流有限公司",结合公司原有专业团队和完善的配送网络优势,"立即送"专注于电子商务落地配送(B2C、C2C、F2C)、代收COD(货到付款)、仓储管理物流加工、物流地产、物流金融等业务。利用发行公司在成都市区和郊县的31个发行站点,"立即送"业务范围已覆盖成都市区、郊县以及所辖全部200多个乡镇。2012年电商配送业务实现营业收入1921万元,比上年增长92%;2013年,公司电商物流配送实现收入3499万元,同比增加80%。2014年以来,公司积极搭建O2O配送平台,承接电商落地配送业务,主要服务客户有天猫、唯品会、京东、美团等,日配货量已经稳定在3万单左右;同时,借助探索物流配送前端,公司还推出了同城配送服务,促进了其发行业务的提升与转型。仅在2016年,其营业收入就已经超过4800万,初步完成了由报纸配送转为了多种产品的"落地配送""同城运输""O2O同城配送"三大业务板块的协同支持与共同进步的局面。

2. 长报集团较早涉足物流业

2004年,长江日报报业集团以车辆57台、员工81人与武汉市客运公司合资成立长报捷龙公司,期限5年,长报集团占股51%。2009年,合作到期后继续合作,成立长江快递公司,开发多种经营业务。2012年,因宜昌通火车,武汉客运公司经营艰难,退出合作,长报集团回购49%股份,长江快递因此成为长报集团全资子公司。目前,长报捷龙快运业务主要为B2B。部分为B2C(如苏宁等),公司年收入在3000万元以上,年利润在500万元左右。虽然利润率偏低(略5%),但可补贴发行员,稳定网络、队伍。

3. 浙报传媒打造网上超市平台

"窝里快购"是由钱江报系旗下运营的在线超市电商平台,主要专注于与民生相关的一些快消商品,涵盖粮油、酒水、零食、美容、家居和母婴等六大类,有着将近一万种的产品。该平台借助仓储式无店铺运营模式,以及卓越的物流网络资源,为杭州的消费者们供给了极具竞争力的商品价格与配套的送货服务。

不难发现,报业开展电商物流有一些共同特点:

一是数据库营销。报业发行与广告经营积累了广泛的客户资源,具有实施数据库营销的优势条件，如北青报的小红帽公司及华商传媒集团的黄马甲公司等实施数据库营销，备受业内关注。

二是自建物流配送。报业发行公司主要开展报刊投递业务，但业务量并不饱和，承接自家电商物流配送业务，探索第三方物流运营，不失为最佳选择。

三是突出地方性。目前报业开展的电商物流，仅仅在其影响力覆盖的地区进行推广与销售，在初始阶段地方性特点十分显著。

四是大多处于起步培育期。总体来看，目前内地报业开展电商物流多处于起步培育期，真正做大做强的还不多，但基本找到了适合自身发展的路子，发展势头令人鼓舞。

（三）其他传统媒体介入电商物流

1.广电类企业

近年来，不少广电类企业利用自身电视用户、网络、入口等优势，纷纷涉足电视购物与电子商务，并探索整合衣食住行各业态应用服务的"家庭互联网"生态圈，培育新的利润增长点。例如：

湖南广电快乐购成功首次公开募股（IPO）上市。快乐购之前为快乐购物有限责任公司，成立于2005年12月28日，由湖南电视台与湖南广播影视集团共同创立。公司发挥媒体创意和内容制作优势，借助着多样式的营销方法，以及公司成立的虚拟平台，集成了电视、网络等多种模式，将产品卖出去。电视、网络、外呼3种购物模式可独立运营又具协同效应，形成更强的用户黏性与重复用户开发。

东方明珠发展电视购物与电子商务。世界上排名第一的电视购物企业——东方购物，已经成为此行业中的主要力量。其于2004年建立，公司不断努力，构建了完整的全媒体购物产业生态圈，在销售渠道上涵盖了电视、App、IPTV、网站等，建立了利用视频购物作为主要特色的全媒体综合销售平台，建立了先进的"平台共享、多屏合一、全渠道覆盖"的商业模式。2020年"双十一"期间，东方购物推出形式简单、实实在在的补贴优惠，精心打造了"疯狂爽11"活动。数据显示，本次活动总订购额突破3.3亿元，而新媒体端的贡献尤为显著，累计订购数量同比提升了21%；仅"双11"当天，电商商品订购额就同比增长了24.5%，App渠道的订购量同比增长更是达到86.7%，均刷新历史纪录。"疯狂双11"活动遇上第三届进博会，东方购物提前布局，打造了超过400场电视直播，并在淘宝直播、腾讯看点、京东直播、百视通直播等平台进行了数十场"直播带货"。仅"双11"当天，东方购物"直播带货"就超过了540万元[①]。

2. 出版发行类企业

出版发行企业普遍拥有较好的发行渠道，加之近年注重推广电子商务，因此介入电商物流也较普遍，且颇有收获。例如：

新华文轩互联网销售快速增长。伴随国内电子商务市场消费规模快速增长，新华文轩不断加强互联网业务基础设施建设、创新营销方式，通过提升电商商品组织能力与物流配送能力，加强增值服务，拓展销售渠道，延续了互联网销售业务高速增长的发展态势。根据Wind资料可知，新华文轩在过去五个年度报告期内，持续实现营收和净利润的增长。2020—2022年，公司营业额分别达到90.08亿元、104.6亿元和109.3亿元，实现了持续稳固提升；归母净利润分别为12.62亿元、13.05亿元和13.96亿元，亦保持了良好盈利态势。值得关注的是，新华文轩在2022年的销售毛利率为36.75%，同比增长0.81%，公司的盈利能力进一步增厚。每股收益1.13元，同比增长6.60%，全面展现了公司的盈利水平的提高[②]。拓展互联网销售渠道，更好地满足用户网络购物消费体验，保持销售快速增长势头，稳步推进公司电子商务领域业态创新和转型。

中文传媒向综合物流服务商转型。旗下成立蓝海物流公司，加快现代出版物流港各分拨中心建设，加快向集中采购、运输、仓储、报关、报检、出口、退税、分销等一体的综合物流服务商转型，并在电子商务物流服务商、生产物流服务商方面进行了有益的探索。近年来，公司在基于保持之前的项目运营上，积极把业务模式从"传统贸易+普通运输"转向了"专业运输+增值服务"，开展危险品

---

① 东方购物"双11"战报出炉新媒体渠道订购创新纪录[EB/OL].（2020-11-13）[2023-4-15]. https://www.360kuai.com/pc/90ad779e0367dc60b?cota=3&kuai_so=1&sign=360_57c3bbd1&refer_scene=so_1.

② 图书零售市场整体下滑，新华文轩穿越周期实现2022年营收、净利双增长[EB/OL].（2023-3-31）[2023-4-15]. https://new.qq.com/rain/a/20230331A0054P00.html.

和化工品运输业务，拓展新的利润增长点，并成功取得了"全国物流行业先进集体"的荣誉，在江西省仅此一家企业入选。

大地传媒线上线下融合不断深入。发行系统加快推进电子商务战略布局，持续完善云书网（特色馆）"购物+服务"平台功能，深化拓展经营内容和服务，发力跨境电商和农村电商，启动河南全省创新物流业务建设。

二、传统媒体介入电商物流的优势与劣势

目前，电商物流以其巨大的市场空间和广阔的发展前景，吸引传统媒体纷纷试水，而由于传统媒体自身的特性和市场化程度，其发展电商物流有着自身独特的优势，同时也面临着不少挑战和瓶颈。两者对接优势互补，既是传统媒体自身转型的新路，也是电商物流打破渠道和平台局限的契机。

（一）优势

当前，传统媒体在以下几个方面具备显著的优势：

1. 品牌公信力获广泛认可

目前，电商物流的诚信问题频发，据电商物流调查结果，近一半的人担心电商物流中的安全可靠性，而传统报业或广电一直被广大受众认为是主流权威媒体，商品的销售推广在诚信性、影响力和接近度方面较商业网站更有优势，更受网民欢迎和接纳，传统媒体以自身品牌为支撑，在庞大的受众群中得到了广泛的认可。

2. 本地受众规模遥遥领先

传统报业或广电积累了庞大的本地受众群体，同时由于地缘特性，电商物流业务在传统媒体的影响区域范围内推广、销售，这样的营销让消费者觉得距离近，看得见，摸得着，加强了与消费者之间的信息交流与服务传递，容易提高消费者对产品的认知度。当然，近几年，技术在不断进步，新媒体在蓬勃发展，传统媒体的用户群体逐渐减少，过去在这方面的优势也正在逐渐消退，但传统媒体纷纷通过发展新媒体，如开发App应用、注重社交媒体账号的运营等形式来弥补。

3. 渠道优势明显

许多传统报业集团都是自办发行，旗下有一支专门的发行队伍，少则几百号人，多则几千号人，如成都商报社利用旗下发行公司在成都市区和郊县的31个发行站点，成立成都立即送物流有限公司，开展电商物流业务；又如深圳报业集团旗下发行公司约有1200人，2013年4月更名为"深圳报业集团发行物流有限公司"，增加了物流、快递等经营范围，并与集团电子商务公司、丰泽润等多个单位开展了物流业务合作，大力拓展多种经营，目前已探索开展生鲜冷链配送业务，电商物流配送业务收入快速增长。

4. 媒体资源丰富

传统报业或广电集团有丰富的媒体资源，还有网络媒体以及庞大的采维队伍，这是电商物流品牌宣传与营销推广的有利资源。同时，利用报业发行和广告经营积累了广泛的客户资源，具有实施数据库营销的优势条件，有利于降低纸媒发展电商物流的推广成本。

（二）劣势

面对纸媒普遍下滑，传统媒体普遍高度重视发展电商物流，但也存在一些劣势，主要表现在以下几方面：

1. 资金投入不足

一是传统媒体主业整体下滑，转型升级压力巨大，资金紧缺。而电商物流属于高投入行业，人力、物力方面要有足够的投入。低投入注定传统媒体的电商物流面临先天不足，难以超越一些民营电商物流企业；二是融资渠道狭窄。知名电子商务网站京东商城C轮融资总额高达15亿美元，好乐买C轮融资金额达6000万美元，而乐淘网第三轮融资也达2亿元人民币；相比而言，传统媒体电商物流的融资渠道狭窄，融资能力极其有限。

2. 物流仓储配套不足

目前部分知名的B2C企业，如当当网、京东商城等，意识到物流将是未来竞争的重中之重，亟须扩大仓储范围，完善仓储设施。

3.技术设备落后

从网站购物环境来看,网民需要简洁明确的导航和顺畅安全的支付流程,能够在短时间内放心完成购物。但目前传统媒体电商购物平台和运行设备落后,难以开展新业务。

4.对电商物流生态圈比较陌生

电商物流含有很多的流程,具体到供应、定价、服务与物流,而传统媒体是将内容看成主要特色,在这些方面缺乏经验。针对传统纸媒来说,把自身的用户资源转化为商业资源具有一定的难度。它们的物流渠道通常仅限于最基本的发行,这并不能够满足电商物流领域。倘若想参与电商物流应该有健全的仓储和物流分发能力,自行建设物流系统与外包服务均要付出相对较高的管理费用,这意味着进入门槛相对较高。

三、"传媒+物流"的运营模式

传统媒体之所以要探索介入电商物流,旨在把产业内与产业外资源进行融合,借助增量改革将产业的价值链进行增加,在收入结构上进行优化,在盈利模式上进行完善。因此,其电商物流主要以网站为核心,把整个流程当中的所有包含信息、服务等业务资源进行了整合,并完成交易。传统意义上的一些媒体的电商物流运营模式包括:

(一)引流导购型

引流导购型电商模式是指它们并不经营电商平台,而是将内容和销售机会相结合,带领着消费者到指定购物场所去购买,完成交易后,纸媒就能够在此单中获取提成。与电商相比,传统媒体的独特之处是其优质的内容。借助着内容去招揽消费者,并最终变成购买力,以上就成了传统媒体电商化的天然优势。当今,许多印刷媒体都是借助此种模式,比如说在报纸上去展现商品的二维码,消费者仅仅通过这个渠道就能够顺利在电商平台购买所需的物品。一个典型案例——《男人装》杂志:读者能够借助杂志中二维码成功进到该杂志合作的店铺当中进行产品购买;此外,他们还将这一模式拓展到智能手机与ipad杂志当中,这样在进行阅览的时候就能够自主进行购物。此种模式操作上十分便捷，并且无须花费很多的资金。

（二）平台型

传统媒体要建立自己的电商物流平台，按电子商务类型来划分，主要有如下几种模式：

1. B2C 模式

B2C（Business To Customer）模式是电子商务交易过程中涉及的供需双方，购买者为消费者，销售方为企业。传统媒体通常作为企业，会提供消费者所需要的产品与服务以让客户满意，主要通过多媒体平台进行线上销售。所以说，B2C 模式是传统媒体使用最多的一种方式，他们在网络零售行业占主导地位。举例来说，典型代表就是江西日报报业集团下属的大江电子商务有限公司所开设的大江直购网平台。江西省内的 1.2 万多种知名产品现已聚集在网络上，超过 1300 家供货厂商，目前这些产品的影响力和交易额在快速增长。并且，他们还与景德镇合作创建了一种"高品质商店"——景瓷网，也就是景德镇陶瓷电子商务平台。通过结合报业的互联网优势与陶瓷行业的特性，能够在我国的陶瓷电子商务市场上占领领先地位。现在已有超过一万名用户注册成为会员，每天的点击量已有 100 万人次，实现了文化传播，平台的使用也让客户更加方便。以上所说的 B2C 模式大多数就是借助在线电商平台去展现供需信息，实现订单支付、票据签发、交流沟通等流程环节，简便易行，方便快捷，成了报业电商的主要发展方式。

2. O2O 模式

O2O（Online To Offline）电商是一种整合线上与线下资源的模式。用户能够借助媒体平台获得信息，网络平台完成订单，最终在实体店完成交易。这种模式能够完成多元化的盈利，并将线上线下优势融合在一起。在 2012 年，成都商报与超市红旗开始合作，红旗也是西部当中发展最为庞大的连锁超市，共同创建了全国首个 O2O 电商模式——买购网，并形成了一网多终端这样的线上线下电商方式。买购网经营产品大部分为精品果蔬、高级营养保健品等，目的是满足人们对于美食的需求，同时专注于大宗主题团购。成都商报采用了 O2O 电商模式，不仅将报纸的盈利方式进行了改善，同时抛开广告收入，借助销售产品获得差价收益。在买购网中，重要的盈利方式是通过"产品销售+品牌效应+渠道推广"这一组合来实现的。通过整合资源，成都商报与买购网共同打造了一家融媒体宣传平台，并且顺利把汶川车厘子等十几种川内特色产品销到了全国。同时也引进了新疆的葡萄、陕西的大枣等别的省份特色到了成都市内。并且，顺利获取了褚橘、柳桃等炙手可热的明星产品在成都的线上销售代理权。

现实中，供需双方都是商家的B2B（Business to Business）模式，以及用户对用户的C2C（Consumer To Consumer）模式，虽然亦为传统媒体所采用，但十分少见，故不做赘述。

（三）移动电商型

随着智能手机的普及与移动互联技术的进步，传统媒体正在大力发展移动电商业务。O3O（Offline-Online-Offline）电商物流模式整合了线下和线上的优势。首先，在线下展示商品信息并标准化打包后，利用移动终端设备（智能手机等）的二维码扫描功能，将线下的信息内容同线上电商平台信息内容进行相连，实现电商下单、支付等操作。随后，物流配送等业务在线下进行，确保物品安全及时送达。

成都商报以买购网为基础平台，并以其强大的读者关系为支撑，建立了《社区电商周刊》。这份周刊独具特色，整合了纸媒、电商与社区的特点，是全球首个一同跟快递包裹分发的报纸。它的受众是成都商报的读者，这些读者拥有购买意愿与能力，激发他们"快乐读报、享受线上购物"的生活方式。创办《社区电商周刊》的目标是引导读者使用扫描二维码进行购物，将他们引流至买购网的全系电子商务平台。借此增加产品的销量，并且推动移动互联网电商的发展。

四、"传媒+物流"的启示

近年来，面对新媒体的冲击，传统媒体积极探寻多元发展之路。目前，电商物流正值快速发展时期，蕴藏巨大商机。传统媒体过去在这方面已有过一些成功尝试，接下来可充分发挥自身资源优势，加大投入，做强做大。

（一）"互联网+"融合发展

主动适应新常态，融合深化改革，在保住传统发行主业不丢的情况下积极抢占互联网发行的新高地。为此，核心在于建立一种模式，使传统媒体和电商中的各层级能够共享资源和能力，从而建立一种能够实现资源和能力流动的系统。如重庆日报报业集团以"互联网+报刊发行"融合发展为指导，打造大型电商物流平台，以加快集团转型发展。该集团出台的《发行公司与电商物流公司深化改革推动融合发展方案》，把电商平台建设、物流体系打造、资本项目推动、经营管理创新作为重点，加快推动传统发行和电商物流在渠道、经营、管理等方面的高度融合，力求将传统报刊的资源和电商社区O2O模式，使喜爱报纸的受众变为电商的有价值的客户。一些社区发行站也可以进行转型，改为社区服务中心，在配送的服务上十分强大，足够为大型重要报刊电商以及世界各地的小有名气的电商进行整体性的一站式服务。建成社区O2O电商和物流配送为一体的一站式城市生活服务商平台，最终实现在重庆乃至全国建成具有较高知名度和较强竞争力大型电商物流企业的目标。此前，该集团发行公司与电子商务已具备一定基础，此次整合相关资源，谋求融合发展，加快转型升级。

（二）实施差异化策略

利用传统媒体自身优势，结合当地特色，选择和媒体品性相搭的电商产品，做强自己的核心业务板块，树立品牌效应，确保盈利能力。在"互联网+"背景下，湖北日报传媒集团为更好地抓住养老行业的商机，于2015年7月专门成立并启动湖北日报社区服务中心。该服务中心第一批包括东亭店、常青花园店、仁和路店，将为广大社区居民提供健康管理式养老服务、党媒"悦"读服务以及O2O便民服务等，为电商物流差异化发展作出了有益探索。事实上，差异化其实并不是区别于产品本身，而在于我们怎么样去呈现这个产品。在这种情况下，传统媒体需要将内容优势进行足够的利用，才能够吸引受众并增加流量。

（三）强化外部合作

传统媒体面对电商物流这一新兴行业时，有着巨大挑战，涉及资金、技术与人才、产品与物流等各个层面的重大变革和适应工作。因此，传统媒体必须有开放的胸怀，秉持合作共赢的理念。一方面，与大型电商物流企业合作。如华商传媒集团旗下的黄马甲公司与唯品会、天猫、国美、苏宁、京东、顺丰速运等数十家国内电商物流企业建立了紧密的合作关系。北京青年报"小红帽物流"公司已将顺丰纳入其股东阵容，成为其最大股东，从而能够给很多的电商进行北京市最后一段配送服务。博瑞传播、粤传媒等为发展"最后一公里"配送业务，已成为天猫、苏宁易购等电商配送服务提供商。另一方面，要自建联盟体系。如珠三角报业物流联盟交流会于2012年成立，目的在于推动珠三角各大报业集团进一步加强沟通、交流与合作，共同开辟新的增长点，使各大报业集团在探索物流业务发展新模式的过程中少走弯路，抱团取暖。

（四）建立激励机制

传统媒体介入"传媒＋物流"领域，可借鉴湖南广电的成功经验，对经营团队引入股权激励机制，通过利益捆绑，充分激发做强做大的积极性。与此同时，淡化财务指标管理，强化利润指标管理，给企业以更大的自主经营权。

总之，传统媒体只要做好市场定位，明确发展思路，明晰经营模式，完善融资、营销、研发、人才、仓储等方面的体制机制，强化融合发展，就能携传统媒体自身优势，将电商物流发展成为本地的强势业务，进而走出本地，辐射全国，积极推动传统媒体转型发展。

参考文献

[1] 朱天，梁英．新媒体与传媒产业生态 [M]．上海：复旦大学出版社，2015．

[2] 党东耀．传媒经济研究 [M]．上海：复旦大学出版社，2016．

[3] 王亮．传媒产业破坏性创新管理研究 [M]．厦门：厦门大学出版社，2020．

[4] 陈羽，张营为，袁家菊等．中国大众传媒产业价值链研究 [M]．成都：四川大学出版社，2014．

[5] 吴燕．民族地区青少年期刊传媒产业研究 [M]．南京：南京大学出版社，2018．

[6] 朱清河．大众传媒公共性研究 [M]．北京：中国人民大学出版社，2017．

[7] 张养志，李军，王兴邦等．传媒经济学 [M]．北京：文化发展出版社，2020．

[8] 范以锦．老范看传媒（二）传媒前沿现实篇：传媒现象思考 [M]．广州：暨南大学出版社，2020．

[9] 中国传媒大学南广学院．传媒与教育 [M]．南京：南京大学出版社，2018．

[10] 石长顺．全媒体时代的传媒发展与新闻传播教育重构 [M]．武汉：武汉大学出版社，2017．

[11] 林小菊，陈怡如，华小波．基于文化空间运营的媒体产业发展探索——以浙江瑞安传媒集团为例 [J]．新闻战线，2023（10）：79-81．

[12] 郑春平．"传媒+"产品化实践：媒体融合的场域再造 [J]．传媒观察，2023(5)：99-106．

[13] 周欣，武钊．OBE 理念下传媒专业课程体系建设研究 [J]．传媒，2023（10）：79-82．

[14] 黄新．大众传媒对体育教育的影响 [J]．传媒论坛，2023，6（10）：118-120．

[15] 张锐，刘靖晗，张美伦．交互·创新·协同：数智化背景下传媒业的转型机制 [J]．视听界，2023（2）：15-20．

[16] 王友文．新时代传媒业与旅游业一体化融合发展模式研究——以"一带一路"国际合作为视角 [J]．中共伊犁州委党校学报，2023（1）：68-72．

[17] 陈驰.媒介生态视域下传媒行业边界消失问题研究[J].新闻前哨,2023(5):40-41.

[18] 崔保国.中国传媒产业十年发展的成就与生态之变[J].传媒,2022(21):11-14,16.

[19] 方立明.元宇宙背景下传媒业发展的机遇与挑战[J].传媒,2022(19):25-27.

[20] 吕明凯.产学研融合视域下传媒人才培养的方法与路径[J].秦智,2022(9):88-90.

[21] 张子雯.IP产业链并购的动因和绩效分析[D].青岛:青岛理工大学,2022.

[22] 王丽群.文化传媒企业融资效率评价及提升策略研究[D].赣州:江西理工大学,2022.

[23] 王满晓.山东省互联网传媒集团发展战略研究[D].济南:山东大学,2022.

[24] 刘梦.中国传媒产业供给体系质量评价研究[D].长沙:湖南大学,2020.

[25] 贺梦燕.中国传媒产业产能利用率测算及影响因素研究[D].长沙:湖南大学,2020.

[26] 孙朝.广西传媒产业的区域增长效应及其走进东盟路径研究[D].南宁:广西民族大学,2019.

[27] 刘婧颖.我国文化传媒行业商誉影响因素实证研究[D].西安:西安科技大学,2018.

[28] 葛寻.基于生态位理论的传媒产业广告竞争及发展策略研究[D].武汉:中南民族大学,2018.

[29] 贺弋晏.传媒产业集群的竞争力研究[D].武汉:中南民族大学,2018.

[30] 张淳.大数据视角下体育传媒产业的发展研究[D].南昌:江西财经大学,2017.